“十三五”国家重点出版物出版规划项目

转型时代的中国财经战略论丛

网络经济中的竞争行为与竞争策略

邢宏建　著

中国财经出版传媒集团

经济科学出版社
Economic Science Press

图书在版编目（CIP）数据

网络经济中的竞争行为与竞争策略/邢宏建著.
—北京：经济科学出版社，2020.1
（转型时代的中国财经战略论丛）
ISBN 978-7-5218-1232-9

Ⅰ.①网…　Ⅱ.①邢…　Ⅲ.①网络经济-经济竞争-研究　Ⅳ.①F49

中国版本图书馆 CIP 数据核字（2020）第 021305 号

责任编辑：陈赫男
责任校对：靳玉环
责任印制：李　鹏

网络经济中的竞争行为与竞争策略
邢宏建　著
经济科学出版社出版、发行　新华书店经销
社址：北京市海淀区阜成路甲 28 号　邮编：100142
总编部电话：010-88191217　发行部电话：010-88191522
网址：www.esp.com.cn
电子邮件：esp@esp.com.cn
天猫网店：经济科学出版社旗舰店
网址：http://jjkxcbs.tmall.com
北京季蜂印刷有限公司印装
710×1000　16 开　13.25 印张　220000 字
2020 年 3 月第 1 版　2020 年 3 月第 1 次印刷
ISBN 978-7-5218-1232-9　定价：52.00 元

总　序

山东财经大学《转型时代的中国财经战略论丛》（以下简称《论丛》）系列学术专著是"'十三五'国家重点出版物出版规划项目"，是山东财经大学与经济科学出版社合作推出的系列学术专著。

山东财经大学是一所办学历史悠久、办学规模较大、办学特色鲜明，以经济学科和管理学科为主，兼有文学、法学、理学、工学、教育学、艺术学八大学科门类，在国内外具有较高声誉和知名度的财经类大学。学校于2011年7月4日由原山东经济学院和原山东财政学院合并组建而成，2012年6月9日正式揭牌。2012年8月23日，财政部、教育部、山东省人民政府在济南签署了共同建设山东财经大学的协议。2013年7月，经国务院学位委员会批准，学校获得博士学位授予权。2013年12月，学校入选山东省"省部共建人才培养特色名校立项建设单位"。

党的十九大以来，学校科研整体水平得到较大跃升，教师从事科学研究的能动性显著增强，科研体制机制改革更加深入。近三年来，全校共获批国家级项目103项，教育部及其他省部级课题311项。学校参与了国家级协同创新平台中国财政发展2011协同创新中心、中国会计发展2011协同创新中心，承担建设各类省部级以上平台29个。学校高度重视服务地方经济社会发展，立足山东、面向全国，主动对接"一带一路"、新旧动能转换、乡村振兴等国家及区域重大发展战略，建立和完善科研科技创新体系，通过政产学研用的创新合作，以政府、企业和区域经济发展需求为导向，采取多种形式，充分发挥专业学科和人才优势为政府和地方经济社会建设服务，每年签订横向委托项目100余项。学校的发展为教师从事科学研究提供了广阔的平台，创造了良好的学术生态。

习近平总书记在全国教育大会上的重要讲话，从党和国家事业发展全局的战略高度，对新时代教育工作进行了全面、系统、深入的阐述和部署，为我们的科研工作提供了根本遵循和行动指南。习近平总书记在庆祝改革开放40周年大会上的重要讲话，发出了新时代改革开放再出发的宣言书和动员令，更是对高校的发展提出了新的目标要求。在此背景下，《论丛》集中反映了我校学术前沿水平、体现相关领域高水准的创新成果，《论丛》的出版能够更好地服务我校一流学科建设，展现我校“特色名校工程”建设成效和进展。同时，《论丛》的出版也有助于鼓励我校广大教师潜心治学，扎实研究，充分发挥优秀成果和优秀人才的示范引领作用，推进学科体系、学术观点、科研方法创新，推动我校科学研究事业进一步繁荣发展。

伴随着中国经济改革和发展的进程，我们期待着山东财经大学有更多更好的学术成果问世。

山东财经大学校长

2018 年 12 月 28 日

前 言

从冷战时代到美国总统里根（Reagan）上台和苏联解体，从中国的改革开放到当今世界中国的快速崛起，近几十年以来世界政治和经济格局发生了深刻变化，当今世界正处在前所未有的大变局。纷繁芜杂的政治、经济和社会现象背后隐含着时代变化的深刻道理。从经济学视角来看，正是克林顿（Clinton）总统推出的信息高速公路计划，一举将人类社会带入了信息技术时代，伟大的信息技术革命推动人类进入了最近一轮康德拉季耶夫经济长周期。美国由此诞生了IBM、英特尔（Intel）、微软（Micorsoft）、谷歌（Google）、苹果（Apple inc）等一大批伟大的企业，使美国占据了信息革命若干产业链的高端，苏联解体后，逐步形成了美国唯一超级大国的地位。

信息技术革命带给世界的深刻改变是由硬件和软件构筑起来的桌面端和移动端的互联网世界。消费者通过互联网的相关软件建立起双向联系通道，极大地改变了消费者之间的关系，广泛产生了经济学领域所谓的正外部性，这与传统消费迥然不同。在传统消费领域，多数情况下消费者的效用仅仅取决于自己购买和消费的商品种类和每种商品的数量，比如某个消费者购买和消费食品仅仅能满足自己而不能影响别人。但是在互联网催生的网络经济模式下，消费者的消费不但影响自己还同时影响进行同类消费的其他消费者。也就是消费者之间的相互影响使得消费者的效用不但取决于自己的消费数量，还取决于其他消费者消费同类商品的数量，这就是卡茨和夏皮罗（Katz & Shapiro，1985，1994）界定的网络效应。比如，假设只有一个消费者借助淘宝平台购物，则可能没有商家有兴趣借助这个平台销售商品，从事淘宝网络交易的消费者和商家越多，消费者和商家越容易达成交易从而获得更大的满足感；再如，如果只有一个消费者通过网络点外卖，这不足以吸引和构建外卖的交易市场，随着越来越多的消费者和餐饮店参与外卖市场，消费者点餐的多样化和便捷程度将显著增加。消费者的满足感相互影响，产生正的外部性，这种正的外部性就是网络经济所具有的本质特性——网络效应。

我国自改革开放以来，尤其是党的第十四次全国代表大会提出建立社会主义市场经济以来，伴随着加入世界贸易组织（WTO），我国经济建设取得了举世瞩目的伟大成就，是世界上唯一在经济总量上对美国形成赶超之势的国家。网络经济成为推动我国经济增长的重要动力。伴随着信息技术革命和互联网经济的发展，我国诞生了一大批像华为、腾讯、阿里巴巴、百度、小米、美团、京东、拼多多等从事网络经济的企业，这些企业可以看作是我国网络经济发展的缩影。

宏观经济短期由需求侧决定，长期由供给侧决定。我国目前所进行的供给侧结构性改革初见成效，产业结构不断优化和升级，新旧动能不断转换，网络经济的发展所起到的推动作用功不可没。供给侧结构性改革是我国着眼于长远的经济发展战略。供给侧结构性改革本质上要求我国教育事业所培植的丰厚的人力资本产生两个强大的协同效应：一是协同产生更多的科技人员去探索和实践更先进的基础科学和应用技术，并发明和创造更多的新产品。二是协同产生更多的企业家在市场经济逐利机制作用下，带领落后和过剩产能部门的人、财、物力转移到科技人员发明和创造的新产品领域，通过市场的优胜劣汰，不断实现产业的升级和新旧动能的转换，这一代人能够生产和供给的产品结构不同于上一代人。我国网络经济的快速发展所催生的上述那些伟大的企业正是我们供给侧结构性改革初见成效、新旧动能不断转换和产业不断升级的具体表现。

未来，中国跨越“中等收入陷阱”，实现“两个一百年的宏伟目标”，仍然需要依靠网络经济更高水平的发展。未来谁能抢占下一轮革命性技术进步的先机，谁就最可能在未来占领相关产业的至高端。这些未来的革命性技术进步的火种今天已经初露端倪。信息技术革命的深化、第五代移动通信技术（5G）的普及、物联网和大数据的采集及应用为人工智能及其相关产品和产业的发展创造了条件。未来网络经济必将伴随着物联网和人工智能的发展而被推向新的高度。物联网和人工智能渗透的网络经济必将对我国未来的宏观经济产生更为深远的影响。

当前网络经济在国民经济中扮演着越来越重要的角色，网络经济及其所具备的网络效应极大地改变着消费者的消费模式、企业的竞争行为乃至经济社会的产业结构。探索网络经济中企业的竞争行为和竞争策略是摆在经济学家和管理学家面前的现实课题，这也是本书所要探索的基本问题。哈佛大学工商管理学院教授、伟大的管理学大师迈克尔·波特（Michael Porter，1980）提出的竞争战略理论诞生于网络经济产生以前，作为管理学竞争战略的思想宝库，其成本领先战略、差异化战略和聚焦战略理论为网络经济中企业参与市场竞争提供了宝贵的思想源泉。但是网络经济的发展也为竞争战略理论的发展提供了新的土壤和新的条件，一些网络经济特有的经济现象不可避免地影响着网络企业的竞争行为，由此产生了一些较为新鲜的竞争行为和竞争战略亟待探索。因此研究网络经济中企业的竞争行为应沿着两条主线展开：一方面要进一步深入挖掘波特的三大战略理论在网络经济竞争现实中新的应用着力点，阐释网络经济下三大战略的新表现和新发展；另一方面要从网络经济的本质出发，探索一些网络经济中特有的企业竞争行为，并运用经济学和管理学方法提取合理的竞争策略。综上可见，研究网络经济中企业的竞争策略要从网络经济的本质特征入手进行深入分析，这属于经济学和管理学的交叉研究领域。本书正是从上述两个方面入手分析和探究网络经济中企业的竞争行为和竞争策略。

全书由 4 篇 8 章组成。第 1 篇由第 1 章至第 3 章构成，该篇内容对网络经济和网络效应理论的发展进行总览，为后续研究进行铺垫。第 1 章对网络经济和网络效应所涉及的范畴进行了界定和阐述，系统论述了网络经济对微观经济乃至宏观经济的影响，介绍了研究的必要性和研究框架。第 2 章从网络经济的本质入手，深入阐述了直接网络效应和间接网络效应的发生机理。第 3 章较为全面地综述了网络经济理论的发展脉络，依据研究方法和研究手段的不同，将网络经济理论分为传统网络效应理论和复杂网络理论两部分进行了细致分析，深入阐释了这两种理论在方法论、研究手段、适用对象等各方面存在的差异和联系。第 2 篇由第 4 章构成，重点研究网络经济中的波特竞争战略。我们结合网络经济的特征，沿着管理学大师波特经典的竞争战略理论体系，从网络经济的基本特性入手，系统阐述了网络经济中运用成本领先战略、产品差异化战略和聚焦战略的切入点和着力点，揭示出三大竞争战略理论在网络经济中仍然存在着强大的生命力。第3篇由第5章至第7章组成，重点阐述传统网络效应理论下的竞争行为与竞争策略。第5章总结并阐述了一些企业在网络经济中特有的竞争行为及其竞争策略，这些竞争理论包括提前宣告策略、先动策略、转移成本与锁定策略，以及间接网络效应下的若干竞争行为与策略。由于这些竞争策略从理论上阐述并不特别复杂，因而集中在这一章进行集中论述。第6章和第7章在传统网络效应理论框架内，重点论述了两种网络经济中较为复杂的竞争行为和竞争策略。此部分运用传统网络效应理论的均衡分析法，遵循静态分析和比较静态分析的研究路径，从竞争均衡入手，分析企业如何通过兼容行为与竞争策略、技术进步和关闭旧技术平台的竞争行为与竞争策略获得竞争优势。第8章构成第4篇的内容。主要运用近几年发展起来的复杂网络理论，运用最优化的思想和仿真模拟的方法，研究了网络经济中企业如何在客户群中构建"子网络"，如何"基于客户社会关系调整客户群网络效应"，以增强竞争优势的竞争行为与竞争策略。

相信本书将有助于网络经济理论和企业竞争行为与竞争战略理论的发展，使理论更好地结合和服务于网络经济中的相关企业。作者坚信竞争是市场经济的本质和市场活力的源泉，期待本书阐述的相关竞争战略理论会增强网络经济的市场活力，促使企业整体上更有效、更充分地参与市场竞争，而不是只被少数优势企业或者大企业的战略制定者所了解，这将提高网络经济资源配置的效率。

本书内容涵盖了作者近10年有关网络经济的研究成果，部分研究成果受到山东省社科规划项目"网络技术进步的市场实现机制与政府规制对策研究"（09KJGZ14），以及山东省社科规划重点项目"互联网金融推动山东省供给侧改革的作用机制与对策研究"（17BJJJ01）的资助。山东大学经济学院臧旭恒教授和山东财经大学经济学院院长董长瑞教授对本书初稿提出了宝贵的修改建议。本书难免存在局限，敬请斧正！

邢宏建

2019年12月

目　录

第1篇　网络经济与网络效应理论

第2篇　网络经济中的波特竞争战略

第3篇 传统网络效应理论下的竞争行为与竞争策略

第4篇　复杂网络理论下的竞争行为与竞争策略

第 1 篇　网络经济与网络效应理论

第1章 绪 论

世界经济正处于由信息和通信技术（information and communication technology，ICT）革命引领的第三个康德拉季耶夫经济长周期之中。ICT产业及其所渗透的互联网交易、金融等众多现代服务业，普遍存在卡茨和夏皮罗（1985，1994）界定的网络效应，学术界一般将存在网络效应的经济现象统称为网络经济。这与人们对网络经济的狭义理解有所不同，通常人们主观上将与互联网有关的经济形式称为网络经济，这一对网络经济的狭义界定比本书所论述的网络经济范围小很多，因为网络效应不仅仅存在于互联网之中。网络经济存在的网络效应对当今经济社会产生了深远的影响，研究如何通过一定的调整机制来控制和改变网络经济中的网络效应以谋求竞争优势，是相关企业关注的现实问题，也是我国国民经济发展的内在要求，这正是本书研究的关键问题。以下将从网络效应和网络经济的界定和内涵入手，逐步说明网络效应对微观经济和宏观经济的深远影响，并基于此阐述研究网络效应控变策略的必要性。

1.1 网络经济与网络效应

1.1.1 网络效应的界定

卡茨和夏皮罗（1985，1994）界定了直接网络效应和间接网络效应。

直接网络效应是指随着使用同类产品客户人数的增加，客户以使用同一种产品为纽带联系在一起形成客户群网络，客户依托该产品相互沟通。随着网络规模变大，作为网络节点的客户之间联系增加，因而客户获得的效用也随之增加的现象。直接网络效应在生活中随处可见，一系列伟大的产品凭借网络效应而发展壮大起来。例如，假设世界上只有一个客户使用传真机、微信或者 QQ，该客户的效用非常有限，随着他的朋友圈、同学圈和生意圈越来越多的人使用相同的产品，该客户的效用将显著增加。直接网络效应广泛存在于包括现代金融服务业中的银行卡服务、网游、网络购物平台等一系列伴随时代进步而出现在我们生活中的若干新产品和新服务中，具体实例不胜枚举，这些新产品和新服务不断改变着人们的生活方式和经济社会的运行方式。

间接网络效应是指围绕某种核心产品可能存在若干辅助产品与之配套，核心产品又称为硬件，辅助产品又称为软件，它们共同组成产品平台。平台客户的效用水平同时取决于核心产品和辅助产品。核心产品用户的增加会使辅助产品更为丰富并获得质量改进，客户效用水平因此而间接增加。同时核心产品实现规模经济因而成本不断降低、性能不断改进，使客户效用水平进一步增加。卡茨和夏皮罗（1994）将间接网络效应总结为硬件/软件范式。例如，微软为个人计算机（personal computer，PC）开发了 Windows 操作系统这一核心产品，随着核心产品使用者的增加，同时得益于开放的源代码共享机制，Windows 平台的配套软件越来越多，客户使用 Windows 平台的软件可以达成更多目的，获得了巨大的间接网络效应。再如，阿里集团为买卖双方构建了多个企业对企业电子商务（business-to-business，B2B）、企业对消费者电子商务（business-to-customer，B2C）和消费者对消费者电子商务（consumer-to-consumer，C2C）网络交易平台。平台的硬件可以看作网络交易依赖的网络环境、沟通工具和支付工具；平台的软件可以看作从事网络买卖的客户。从事网络买卖的客户越多，可视为软件越丰富，客户从事网络交易的资源越多，从网络交易中获得的效用越大。阿里集团提供的网络环境、沟通工具和支付工具等硬件也随之不断改善。

1.1.2 网络经济与网络效应

网络经济的含义可以从狭义和广义两个方面加以界定。狭义的网络经济是人们一般观念中对网络经济的直观界定，通常将与互联网相关的经济形式称为网络经济。例如，胡鞍钢和周绍杰（2000）将网络经济定义为生产者与消费者通过ICT技术支撑的互联网相互联系而进行的经济活动。广义网络经济的界定与特定的经济学范畴网络效应有关。乌家培（2000）、谢平和尹龙（2001）认为网络经济时代普遍存在卡茨和夏皮罗（1985，1994）界定的网络效应。广义上通常将那些存在网络效应的经济形式统称为网络经济，由此极大地拓展了狭义网络经济的内涵和外延。因为很多与互联网不相关的经济形式也可以归入网络经济范畴，尤其是一些存在间接网络效应的经济形式。

以间接效应为例，激光唱片（compact disc，CD）唱机和CD唱片之间存在着卡茨和夏皮罗（1994）界定的硬件/软件范式的间接网络效应，因此CD产品存在着间接网络效应，属于广义的网络经济，但是CD产品并不依赖于互联网而存在，在美国总统克林顿推出信息高速公路计划之前，CD产品就开始逐步取代传统的密纹唱片（long-playing record，LP）唱放系统，并逐渐成为主流的音乐传播载体和播放模式。当然在互联网诞生以前，也存在直接网络效应。比如我们前面列举的传真机产品用户之间存在典型的直接网络效应，而传真机是由英国发明家亚历山大·贝恩（Alexander Bain）在1943年发明出来，那时候互联网连萌芽都未出现。

本书论述的网络经济中企业的竞争行为与策略，是在广义网络经济的界定下展开论述，由此既可以把握网络经济的本质经济特性——网络效应，又可以极大地拓宽研究的覆盖和适用范围。

1.2 网络经济和网络效应对世界经济的改变

1.2.1 网络经济对微观经济的影响

ICT革命以来，国内外一大批核心产品具有网络效应特性的企业涌现出来，同时一些从事现代服务业的企业得以蓬勃发展。例如，阿里集团依靠其淘宝、天猫等网络交易平台构建起的硬件/软件范式，改变了人们的消费模式，也成就了马云的事业，使其位列2018年福布斯中国富豪排行榜第一位。马化腾借助腾讯公司的微信和 QQ 两款产生直接网络效应的核心产品，位列 2018 年福布斯中国富豪排行榜第一位。微软依靠 Windows 操作系统构建起来的硬件/软件范式，在 PC 操作系统市场中逐渐居于统治地位，创始人比尔·盖茨（Bill Gates）位列 2018 年福布斯全球富豪榜第三位。事实上英特尔、谷歌、百度、苹果、华为、思科等信息通信技术革命后涌现出来的不胜枚举的国内外大企业，其核心产品的客户群中均存在较强的网络效应。ICT 及其网络效应渗透或影响了大批从事现代服务业的企业。支付宝、Paypal、微信钱包等产生直接网络效应的第三方资金平台为客户提供了不同于银行的快捷转账的新方式。商业银行的信用卡和借记卡等产生直接网络效应的金融业务蓬勃发展。随着网络交易的兴起，我国物流产业的发展和壮大有目共睹，诞生了一大批像顺丰、德邦这样的大型物流企业。相关例子不胜枚举。

1.2.2 网络经济对宏观经济的影响

第一，网络经济中的网络效应影响宏观经济的机理。网络效应作为 ICT 产品的伴生特性，深刻影响和改变着人们的生活，进而上升到宏观层面影响宏观经济的发展。具有网络效应的微信、微博等数量众多的 ICT 产品，使人们的交流方式、生活方式、生产方式乃至生活习惯发生了很大的变化。网络效应使每一位用户从其他同类产品用户的使用中获益，客户借助于 ICT 产品建立起来的各类客户群相互交流、获取信息、融会思想、学习知识、交易商品，并将这种交互方式和技术手段渗透到各行各业的生产和生活之中，其影响必然上升到宏观层面，极大地提高了国家竞争力，对宏观经济产生深远影响。

第二，网络效应对国内外宏观经济的深远影响。从国际上看，美国依靠克林顿时代提出的信息高速公路计划将人类社会引入信息社会和工业 3.0 时代。德国政府提出的工业 4.0 战略以“建立信息物理系统为基础的智能化生产”为目标，可见 ICT 的不断发展及其与生产、销售的融合，仍是未来工业化变革的重要目标，网络效应作为 ICT 的伴生特性，仍将对世界宏观经济产生长远影响。从国内实际看，我国正处于跨越“中等收入陷阱”的重要关口，这一跨越必然伴随着我国经济增长的源泉从主要依赖固定资产投资逐步转到依靠技术创新上来。李克强总理

2014年在国家科学技术奖励大会上指出："中国正处于建设创新型国家的决定性阶段"。借助于ICT技术变革，控制和改变相关产品的网络效应，促进我国经济转型和结构调整，占据下一轮技术革命的制高点，是跨越"中等收入陷阱"的有力保障。

1.2.3 研究网络经济中企业的网络效应控变行为与策略的必要性

研究网络经济相关问题，特别是研究如何控制和改变网络效应是增强微观主体和宏观经济竞争力的内在要求。事实上企业在市场竞争过程中已经在自觉或不自觉地采用相关竞争策略，相关学术研究也不断涌现，但是仍有必要对网络效应的控变策略进行扩展研究，在此仅简要列示四个递进的逻辑加以说明：

第一，传统网络效应理论下有关网络效应竞争策略认为，增强网络效应的关键是扩大客户群网络规模，而较大的客户群网络规模本身就意味着较强的竞争力，因此网络效应相关策略的研究多集中于探讨如何扩大产品的用户基础。

第二，后续有关复杂网络理论的综述将显示，客户群网络拓扑结构及其改变是影响网络效应的基本因素，但是直到20世纪末，小世界网络和无标度网络等复杂网络的拓扑结构理论才得以提出。而在此之前，几乎所有的研究都将网络效应简单描述为网络规模的增函数，忽略了网络拓扑结构对网络效应的影响。

第三，在复杂网络拓扑结构理论建立后的较长时间内，仍缺乏有效工具研究复杂网络拓扑结构的改变对网络竞争的影响。为数不多的学者运用自编程序，研究了与网络拓扑结构有关的企业的竞争行为，为本书的研究开拓了思路和视角，但其研究领域和研究问题仍有待于进一步拓宽和深入。正如巴拉等（Barrat et al.，2013）指出的那样，经过十多年的沉寂和孕育，直到最近研究复杂网络的技术手段，包括"基于主体的计算方法"和"复杂网络的仿真模拟"才逐步发展起来。

第四，应用新的技术手段和研究方法，不但可以提炼研究传统方法无法有效研究的若干关键问题，还可以重新审视传统研究方法得到的研究结论。将网络拓扑结构对网络效应的影响纳入研究框架，研究网络拓扑结构的调节机制，借此研究网络效应的控变策略，是对传统方法下相关网络效用控变理论的有益补充和拓展，既顺其自然，又非常必要，但是想拓展现有为数不多的研究成果属于学术前沿问题，本书也将进行适度探索。

1.3 结构框架与内容安排

1.3.1 结构框架与篇内容安排

本书对网络经济中的竞争行为与策略的思考和提炼来自对网络效应理论发展的文献综述，下面将详细阐述研究主题的提炼过程。相关逻辑主线如图 1-1 所示。该图显示，为了对网络经济中企业竞争行为进行系统研究，全书总体至少需要涉及四部分内容，因而本书将研究内容分为四篇。

第 1 篇主要交代网络经济发展的背景和内涵，还包括文献综述和文献研究。具体包括第 1 章、第 2 章和第 3 章。第 2 篇沿着波特的竞争战略理论体系阐述网络经济中的竞争行为与竞争战略。波特的竞争战略理论作为管理学指导企业参与市场竞争的理论宝典，必然在网络经济中也会发生作用，但是网络经济必然也会为传统竞争战略理论赋予新的应用空间并显示出一定的特点。因此有必要在网络经济中重新审视、检验和发展传统竞争战略理论。具体包括第 4 章。第 3 篇应用传统网络效应理论研究网络经济时代的竞争行为与竞争策略。网络经济理论的发展理论总体上分为两个阶段：第一个阶段是传统网络效应理论阶段，其主要特征是不涉及网络拓扑结构及其改变，主要应用均衡分析法的静态分析和比较静态分析方法论开展研究。具体包括第 5 章、第 6 章和第 7 章。第 4 篇应用复杂网络理论研究网络经济时代的竞争行为与竞争策略。网络经济理论发展的第二个阶段是复杂网络理论阶段，其主要特征是运用社会网络分析法和基于主体的计算方法，着重研究网络拓扑结构及其改变对网络竞争的影响。具体包括第 8 章。

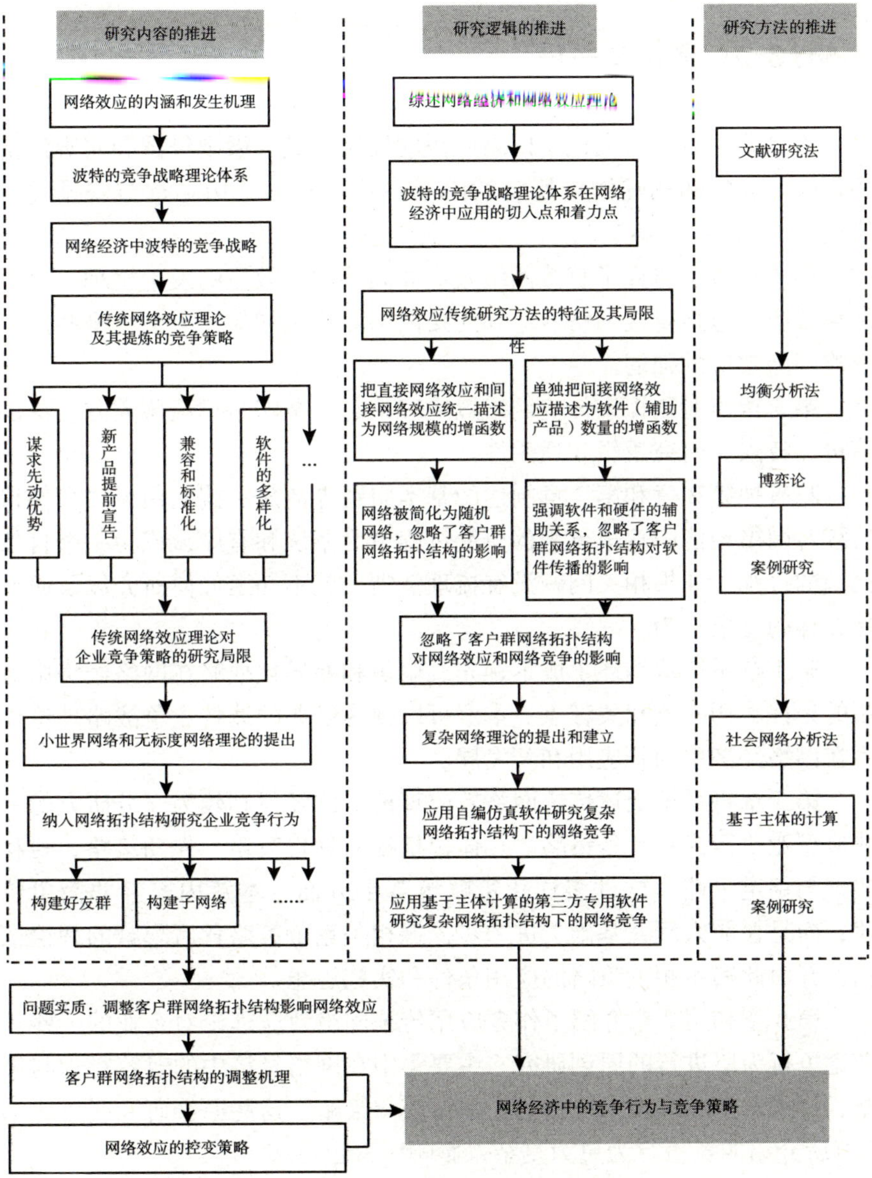

图1－1 提炼研究主题的逻辑主线示意

1.3.2 章内容安排

本书第1章主要交代了网络经济的发展及其对微观经济和宏观经济的影响，界定和阐述网络经济的内涵，并对全书结构和章节安排进行说明。

第2章着重研究了直接网络效应和间接网络效应的发生机理，探寻网络效应，包括直接网络效应和间接网络效应是如何发生的，哪些因素影响网络效应的强弱。

第3章将对比探索传统网络效应理论与复杂网络理论研究方法论的演进、特点、研究逻辑和适用性。

只有把第2章和第3章阐述的基本问题弄清楚、搞明白，才会使得后续对网络经济中竞争行为的研究过程更为系统和有序，成为一个自然流淌的过程。如果相关问题没有梳理清晰，就不知道如何研究以及研究什么样的竞争行为。

第4章系统地阐述了成本领先、聚焦和差异化战略在网络经济中应用的条件、切入点和关键点。本章可以视为经典的波特竞争战略理论体系在网络经济中的新应用和新发展。

第5章将系统论述传统网络效应理论下已经得到较为充分研究的一些典型竞争行为和竞争策略。具体包括提前宣告策略、先动策略、转移成本与锁定策略、软件多样化策略等若干方面。本章内容并非简单综述，而是在前人研究基础上进一步挖掘相关竞争策略背后隐藏的理论依据，并由此揭示相关策略的应用条件和实施思想。

第6章和第7章介绍了作者应用传统网络效应理论对企业的一些复杂竞争行为所进行的原创研究，主要集中在网络经济中的兼容行为与策略、技术进步和旧技术平台的关闭行为与策略。这些原创研究明显比第5章所介绍的竞争行为更为复杂，影响因素也更多。

本书第8章尝试应用复杂网络理论的逻辑和方法分析网络经济中相关企业在现实中自觉或不自觉采取的一些改变网络拓扑结构的竞争行为与策略，主要包括目前尚未得到充分研究的好友群策略、子网络构建策略以及基于客户社会关系调整客户群网络效应策略，这些研究已经是当前网络效应理论发展的前沿。

当然由于本书主要包含了作者近10年以来有关网络经济的研究成果，主要是一些原创性的研究成果，不可能穷尽网络经济中企业所有的竞争行为与策略，因而本书所涉及的内容是一个开放的体系。作者试图尝试依靠对网络经济的长期研究和对网络效应理论发展的总体认识，搭建一个继续研究的基本框架，作为继续研究的基础，盼有助于后续研究的蓬勃，继续将网络经济中相关策略性行为的研究引向深入。

第2章 网络经济中网络效应的发生机理

网络经济中企业运用竞争策略谋求竞争优势，主要是围绕影响、调整和改变网络效应进行。这是因为网络效应存在“冒尖”（tipping）现象和“锁定”（lock-in）现象（Arthur，1989；Besen & Farell，1994；Liebowitz & Margolis et al.，1995b）。网络效应的存在使得市场集中度提高，一般会形成寡头垄断甚至垄断的市场结构。如果一个企业不懂得利用和改变自己产品的网络效应，这个企业很可能就不懂得网络经济中竞争的真谛，而要懂得如何利用和改变产品的网络效应谋求竞争优势，需要探讨网络效应的发生机理，包括直接网络效应的发生机理和间接网络效应的发生机理，而这就是本章要探讨的核心问题。

2.1 传统网络效应理论下直接网络效应的发生机理

第1章绪论已经介绍了卡茨和夏皮罗（1985，1994）提出的直接网络效应和间接网络效应。这里只重申一下其核心思想。直接网络效应是指客户的效用水平直接得益于客户群规模的增加；间接网络效应是指随着客户群规模的增加，产品平台的配套软件更为丰富，硬件不断改进，客户因此间接受益。企业的客户群是否存在网络效应，取决于以企业提供的产品为联系纽带，客户群网络节点之间呈现的联系特性。依据不同的特性可以将客户群网络从不同角度进行分类。

2.1.1　网络的分类

根据网络的物理形式，客户群网络可分为物理网络和虚拟网络两种类型。列博维茨和马戈利斯（Liebowitz & Margolis，1994）将具有物理连接形式的电话网络、铁路网络、电力网络以及运输网络等网络形式称作“有形的网络”，这些网络以某种物理形式连接所有客户。这种网络的存在以有形的物理联系为前提。夏皮罗和瓦里安（Shapiro & Varian，1999）进一步将有具体物理连接的网络称为物理网络，将没有具体物理连接的网络称为“虚拟网络”。

根据客户群网络节点之间联系的方式，可以将网络分为单向联系的网络和双向联系的网络。伊科诺米季斯（Economides，1996）认为，如果网络中的节点可以进行双向联系，该网络就是双向网络。比如典型的传真机网络、电话网络、E－mail 网络等。如果节点之间的联系是单向的，则该网络属于单向网络，比如供电网络、有线电视网络等就属此类。

2.1.2　直接网络效应的发生机理

通信网络是存在直接网络效应的物理网络的一种基本形式。伊科诺米季斯和希梅尔伯格（Economides & Himmelberg，1994）用图2－1a 星形图描述了通信网络的基本结构。在通信网络中，如果网络中有 x 个节点（图中只简略绘制了1个中心节点和6个外围节点），每个节点都可以通过中心点 S 与另外 x－1 个节点取得联系，因而网络中存在的联系共有 $x(x-1)$ 个。如果增加一个节点，节点数量变为 x＋1 个，此时网络中将增加 $(x+1)x-x(x-1)=2x$ 个新的联系。消费者的网络效应与所能获得的联系数量同向变化，而联系数量又与网络节点数量同向变化，因此消费者效用函数中的网络效应部分通常被设定为网络规模的增函数。

将网络节点之间的这种双向互通联系进行局部抽象，就得到图2－1b。消费者 A 和 B 正是通过网络运营商 Y 所提供的技术服务获得双向沟通的能力，从而获得直接网络效应。网络运营商 Y 利用网络技术所提供的这种双向互通服务，使网络消费者获得了直接网络效应。这种向网络消费者提供双向联系通道的网络技术，以及这种网络技术的载体——网络产品或服务，正是直接网络效应得以产生的基础。

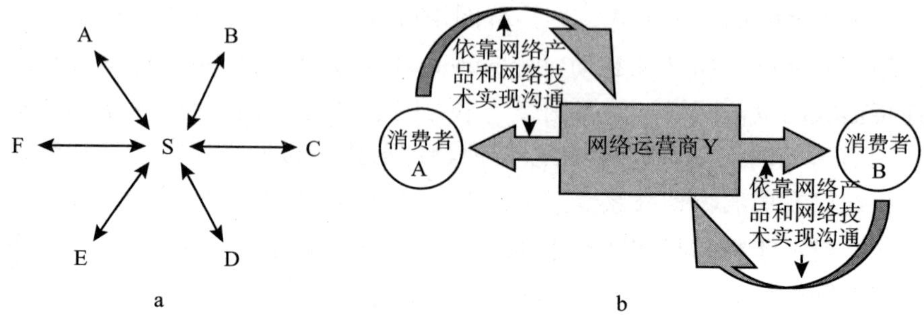

图2－1　通信网络内部联系示意

网络运营商所提供的双向联系通道并不是以某种单一技术为基础，网络技术通常以技术体系作为存在形式。以下将以无线通信网络为例说明这一观点。

吴伟陵等所著的《无线通信原理》一书中指出，在无线通信网络中，手机产品和网络供应商的基站在整个无线通信过程中，涉及物理层面、网络层面和网络规划层面三个层面的网络技术。无线通信过程分为以下几步：

第一步，信道的建立。用户拨打号码，基站收到信号后，在呼叫者手机和无线基站之间建立信道，同时向被叫用户发送信号，并与被呼叫者手机也建立信道。

第二步，信号由呼叫者传输到网络基站。声波转化为电场、再转化为磁场，然后磁场被添加到特定频率的IC振荡电路中发出去，这个过程由手机本身完成。呼叫通话信号以特定的频率发射出去，网络运营商的基站对这些信号进行接收。

第三步，网络基站接收到呼入信号以后，通过与被呼叫者建立的信道，将信号以特定频率传递给被呼叫者手机，这一过程由网络运营商的基站完成。被呼叫者手机逆向完成从电磁波到电流再到声音的接收过程。

第四步，对不同网络信号的识别。全球移动通信系统（global system/standard for mobile，GSM）和码分多址（code division multiple access，CDMA）网络中的用户都可以与对方网络中的用户建立双向联系，也就是说两个网络可以相互识别对方的信号。这种使某个网络中的用户与其他网络中的用户建立联系，并从对方网络受益的技术就是兼容技术。

由此可见，没有以上这些网络技术的相互配合和支持，就不可能实现网络中的双向互通功能。无线通信网络中的直接网络效应从根本上来源于实现双向沟通的网络技术体系。无论是 GSM 网络还是 CDMA 网络中的直接网络效应，都是以无线通信的核心专利技术及其外围技术构成的网络技术体系为基础的。

因此，就直接网络效应而言，其发生依赖于特定的网络属性。邢宏建（2008）研究认为，客户群网络节点之间存在双向联系的物理网络中，通常存在直接网络效应，例如网络节点具有双向连接特性的通信网络、互联网络和传真机网络，因为在这些网络中，组成网络节点的客户越多，每一个客户均获得更多的与其他客户获取联系的机会，因而效用水平随网络规模的扩张不断增加。网络节点之间只能进行单向联系的单向物理网络则基本不存在网络效应，例如有线电视网络、煤气和自来水网络等均不存在明显的网络效应，因为在这些物理网络中，客户的效用水平基本取决于客户自己的消费数量，而非网络规模的扩张。

根据上述直接网络效应的发生机理，如果网络是通信网络，如图 2 - 1a 所示，随着用户数量的增加，网络双向联系数量正向增加，因此在传统网络效应理论下，增强直接网络效应的主要方式是扩大用户基础。围绕此诞生了一些竞争策略，后面第 5 章将对此详细加以探讨。

2.2　传统网络效应理论下间接网络效应的发生机理

2.2.1　间接网络效应中各主体的关系

在间接网络效应中，消费者虽然不能从硬件网络规模的扩大中直接受益，但硬件销量的增加将导致软件需求的增加，使软件价格不断下降，这反过来又促进了硬件的销售和价格的进一步降低，市场从而进入另一轮循环，消费者仍能从硬件规模的扩大中间接受益。硬件和软件之间的这种特殊关系被称为“硬件/软件”范式。

在“硬件/软件”范式中，消费者之间并不像直接网络效应中那样，依靠网络运营商所提供的双向联系通道获得直接网络效应，而是存在多条由硬件和软件厂商指向消费者的单向联系通道。在这种由多条单向联系通道构成的网络中，硬件厂商周围往往存在着诸多软件厂商和其他类型的厂商，这些厂商分别通过各自的单向联系通道向消费者提供硬件产品和不同的软件产品。

图2－2中，空心双箭头表示两个硬件厂商之间存在着关于硬件核心技术的竞争。虽然硬件厂商和软件厂商之间也许并不存在产品交流，但却存在千丝万缕的技术联系，这些技术联系用双箭头虚线表示。粗实线单箭头代表硬件厂商向消费者提供包含硬件核心技术的硬件产品；细实线单箭头表示软件厂商向消费者提供包含软件技术的软件产品。消费者之间的双箭头点划线表示消费者之间可以依靠软件或硬件的互换技术，通过交换实现某种联系。图2－2a中的单向箭头描绘了间接网络效应下存在的这种多通道单向联系。

在图2－2a中，硬件厂商 K_1 协同 n 个软件外围厂商，构成指向消费者 i_1，i_2，…的多通道单向网络；图2－2b中描绘了另外一个硬件厂商 K_2 协同 N 个软件外围厂商，构成指向消费者 I_1，I_2，…的多通道单向网络。图2－2a所示网络中的 n＋1 个厂商（1个硬件厂商和 n 个软件厂商）均通过指向消费者 i 的单向通道，向消费者提供网络技术产品。图2－2b中的 N＋1 个厂商（1个硬件厂商和 N 个软件厂商）均通过指向消费者 I 的单向通道向消费者提供网络技术产品。

比如在音乐CD标准取代音乐LP标准的过程中，飞利浦和索尼公司是硬件核心技术的掌控者，他们向CD播放器生产商提供核心芯片以及专利授权，并通过播放器生产商向消费者提供硬件产品（播放器生产商的角色在图2－2中被省略）。围绕在CD技术标准周围的软件厂商包括EMI、DG、飞利浦等众多唱片公司，他们向消费者提供大量高水平的CD音乐唱片，这为CD标准的普及铺平了道路。

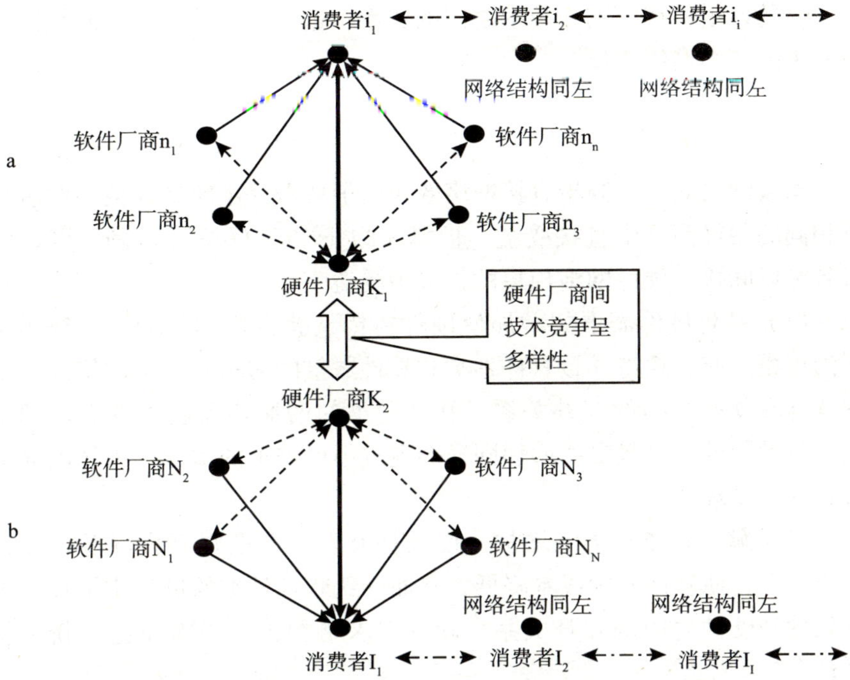

图2-2　“硬件/软件”范式下的多条单向联系通道

综合以上分析可见，间接网络效应中的网络技术体系远比直接网络效应的情况复杂，并由三部分组成：硬件和软件厂商之间以双箭头虚线表示的互补关系中所蕴含的网络技术关系；软件厂商的生产技术（包括软件的研发技术和加工技术）；硬件厂商的生产技术（包括硬件的研发技术和加工技术）。

间接网络效应网络技术体系的特点之一是：该网络技术体系需要构建多条指向消费者的单向技术通道，其中的一条主要通道将包含硬件核心技术的硬件产品提供给消费者，至少一条通道将包含软件技术的互补软件提供给消费者。特点之二是：硬件厂商和软件厂商之间的互补关系并不必然伴随着产品的转移，主要表现为技术层面的互补关系，因而用双箭头虚线表示。

2.2.2　间接网络效应的发生机理

以下将从分析间接网络效应的“正反馈”机制入手，分析间接网络效应的发生机理与网络技术之间的关系，这一分析涉及上述间接网络效应中的三个网络主体。

1. 间接网络效应下的“正反馈”机制

间接网络效应不同于直接网络效应，消费者并不能从其他消费者购买相同的硬件商品中直接受益，但基于以下“正反馈”机制，网络消费者可以间接从硬件网络规模的扩大中受益。

（1）某种硬件需求的增加使硬件在销量获得增加的同时，获得生产的规模效应，这将导致软件种类和软件数量的需求和供给的增加。根据软件和硬件之间的互补关系，软件种类的增加将促进硬件需求的增加，每种软件供给数量的增加同样会促进硬件需求的增加，市场因而进入新一轮循环。

（2）软件供给种类的增加，使软件开发厂商获得开发经验，在边干边学中，使软件开发成本降低，从而导致软件种类的进一步增加，根据软件和硬件之间的互补关系，硬件需求增加，市场因而进入新一轮循环。

（3）每种软件供给数量的增加使软件生产获得规模效应，从而促进软件平均成本和价格的降低，并导致软件需求和供给数量进一步增加，根据软件和硬件之间的互补关系，硬件需求增加，市场因而进入新一轮循环。

（4）通过与其他网络软件的兼容，本网络的硬件可以从其他网络的“正反馈”机制中受益，并导致本网络硬件销售量的增加；硬件销售量的增加同样反作用于兼容软件，并扩大兼容软件的销量。

这种“正反馈”机制将导致硬件网络规模的持续扩大，消费者从硬件和软件的互动过程中，获得间接网络效应。这一过程可以用图 2 – 3 表示。

图 2 – 3 中的细方框表示间接网络效应下，硬件和软件之间“正反馈”机制的传递过程，箭头表示传递方向，加粗方框表示间接网络效应下硬件和软件之间“正反馈”机制的关键环节和逻辑关系。我们可以发现，间接网络效应的实现依赖于加粗方框内所示的“正反馈”机制传递过程中的五个关键环节：硬件生产的规模效应、软件研发过程中的边干边学、软件生产的规模效应、软件和硬件之间的互补关系，以及本

网络硬件对其他网络软件的兼容。

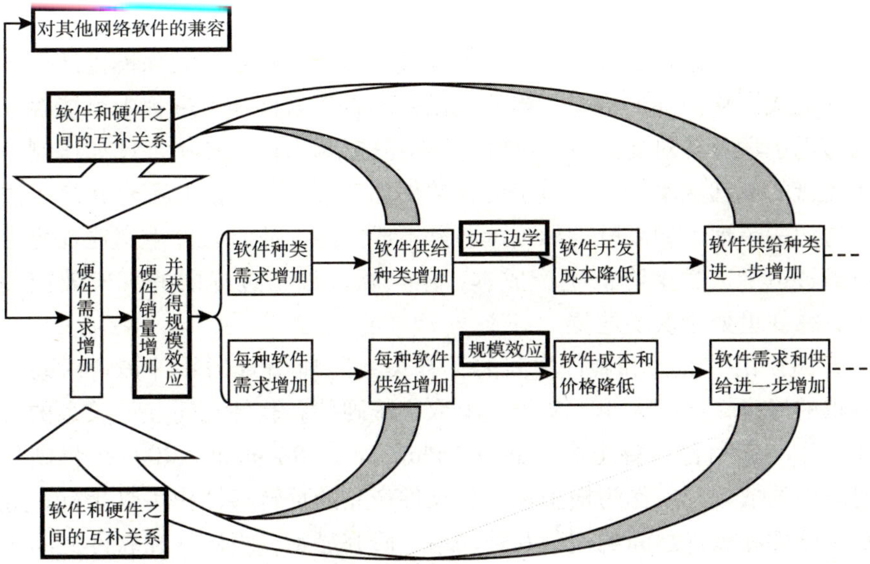

图 2－3　间接网络效应下硬件和软件之间的“正反馈”机制

2. 对“正反馈”机制关键环节的说明

针对图 2－3 粗方框内所标识的间接网络效应下“正反馈”机制的关键环节，有三点需要进行特殊说明：

（1）硬件需求和供给的增加往往也会由于边干边学和规模效应导致成本和价格的下降，但与硬件生产比较起来，软件生产的规模效应和边干边学带来的成本和价格的降低，往往更具代表性和典型性。比如 CD 唱片、数字化视频光盘（digital video disk，DVD）影片、任天堂的游戏卡等作为 CD 唱机、DVD 播放机和任天堂游戏机对应的软件产品，其开发成本往往很高，这些开发成本一旦投入，即具有沉没成本的特性。假定 Windows 10 操作系统安装盘只生产一片，其成本无疑是惊人的。而这些软件的变动成本与固定成本相比往往很低，只有大规模生产，才可能降低平均成本，这时软件生产的规模效应是明显的。

（2）软件生产过程中的边干边学主要体现在软件的设计和研发阶段，而规模效应的取得主要体现在软件的加工阶段。软件的设计和研发支出是软件成本结构中的重要组成部分，这些成本费用构成软件生产的固定成本，边干边学可以降低新软件开发所产生的固定成本，从而降低新软件的价格。规模效应的取得有赖于固定成本的存在及其与变动成本的比例，并且某种软件的固定或沉没成本越大，越需要大规模生产以分散固定成本从而降低价格。当然我们并不否认软件加工过程中可能存在的边干边学及其对变动成本的降低，但其影响力往往较小。比如压制一张光盘的变动成本几乎是恒定的，软件加工过程中可能并不存在多少边干边学的余地。如果软件加工工艺是不成熟的，此时软件生产往往也可以通过边干边学来降低生产成本，但与软件加工过程中的规模效应相比，往往也处于次要地位。

（3）由“软件和硬件之间的互补关系”所引致的软件销售对硬件需求的促进作用的大小，从根本上取决于硬件和软件之间互补关系的强弱。让·菲利普和鲁道夫（Jean – Philippe & Rodolphe，2003）将硬件对软件的依赖程度作为横坐标，将软件产品的可转移性作为纵坐标，分析了硬件和软件之间的这种互补关系。研究显示，当硬件和软件之间的依赖性较强、软件产品的转移特性较好时，硬件和软件之间的互补关系越强，从而间接网络效应越强。让·菲利普和鲁道夫将互补关系的理想坐标空间命名为“雪球”（snowball）区域，并认为管理者可以通过最初的技术规划或者通过新的技术设计，提高硬件和软件之间的依赖性或改善软件的互换性，从而获得更强的间接网络效应。

3. 间接网络效应的简化研究

看起来间接网络效应和直接网络效应存在较大不同，但是在研究过程中人们却经常把间接网络效应也简化看作是用户网络规模的增函数，这是因为上述三个间接网络效应的关键环节，最核心的还是硬件网络规模的扩张。随着硬件网络规模的扩张，硬件生产实现规模经济。硬件销量增加会吸引更多的软件厂商加入尽量为硬件开发软件产品，增强二者之间的互补性；随着开发软件的增多，软件开发也会实现规模经济。这种对间接网络效应的简化也得到了相关学者的认同。

德兰诺夫和甘达尔（Dranove & Gandal，2003）认为间接网络效应的研究可以简化为硬件客户群规模的增函数，与直接网络效应的研究一致起来。因为在间接网络效应下，消费者真正关心的是软件的多样性，而配套软件的数量与硬件客户群的规模通常正相关。

李波（2004）、邢宏建（2008）也认为间接网络效应可以写作硬件客户群规模的增函数，回归到直接网络效应的研究逻辑。因为间接网络效应不仅来自软件的丰富性，随着硬件生产实现规模经济并不断改进，其价格不断降低的同时性能不断改进，客户因此受益并获得间接网络效应，而硬件生产的规模经济依赖于硬件客户群规模的扩张，性能的改进来自边干边学，也间接依赖于硬件客户群规模的扩张。

2.3　复杂网络理论对网络效应发生机理的扩展

复杂网络理论的建立以小世界网络和无标度网络理论的提出为标志。瓦茨和斯特罗加茨（Watts & Strogatz，1998）在《自然》（*Nature*）杂志提出了著名的小世界网络理论，巴拉巴斯和阿尔伯特（Barabasi & Albert，1999）在《科学》（*Science*）杂志提出了无标度网络理论。这是两个复杂网络拓扑结构理论具有一般性，随着相关参数的调整，他们可以演化代表自然界和社会领域众多复杂网络的拓扑结构，后续还将在第 3 章中对此进行详细介绍。复杂网络理论的兴起使人们对网络效应的发生机理有了新认识。

2.3.1　客户群网络拓扑结构对网络效应的重要影响

随着复杂网络理论的建立，学术界对直接网络效应发生机理的认识得以升华，发现即使客户数量没有变化，但是客户群网络成员之间的联系特性发生改变也会改变网络效应，这突破了传统网络效应理论将网络效应的发生只归结为网络规模的藩篱。复杂网络理论认为，网络效应的发生不仅取决于网络规模，还取决于客户群网络节点的联系特性，客户群网络拓扑结构的改变是影响网络效应的重要因素。客户群网络规模小的产品可以依靠特定的网络拓扑结构获得对客户群网络规模较大产品的竞争优势。韦斯塔普和温特（Westarp & Wendt，2000）结合小世界网络原理，证明了在客户群规模相当情况下，客户群网络节点的联系特性，也即网络拓扑结构对网络效应和网络竞争结果具有重要影响。李和宋（Lee & Song，2003）以及鲜于波和梅琳（2008）的研究进一步印证了上述结论，他们发现在特定的网络拓扑结构下，客户基础小的产品可以对客户基础大的产品获得竞争优势。这些研究突破了传统网络效应理论将网络效应仅仅归结为网络规模增函数的局限，凸显了网络拓扑结构是影响网络效应发生的基本因素。

2.3.2 客户群网络拓扑结构的调整方式

直接网络效应下的调整方式：具体包括子网络构建、好友群构建、兼容以及基于社会关系调整四种方式，第8章将对此进行详细阐述。利用这些方式可以调整和改变客户群网络拓扑结构，但是由于复杂网络理论建立时间不长，并且仍在不断发展之中，相关研究仍处在现象观察和实证分析阶段，不同调整方式对网络效应的影响机理和策略性行为仍亟待研究。

间接网络效应下的调整方式：在间接网络效应下，可以利用软件调整硬件客户群拓扑结构，调整方式仍然表现为上述四种类型。典型的例证是无线通信运营商（硬件）利用微信（软件），将客户更多的社会关系纳入服务范围，并且通过“好友群”功能使用户聚群，自动形成母网中的子网络，从而极大地增强了无线通信网络对传统有线通信客户网络和PC端客户网络的竞争力。

由此可见，随着复杂网络理论的发展，客户群网络拓扑结构被发现是网络效应的重要影响因素，虽然客户群网络拓扑结构的调整方式可以通过文献综述加以总结，但是各种调整方式对网络效应的影响机理和相关策略性行为亟待深入研究，这也是本书的研究内容之一。

根据上述对直接网络效应和间接网络效应发生机理的综述，本书将要展开的论述围绕图2-4所示逻辑展开。

图2-4通过凝练传统网络效应理论和复杂网络理论下直接网络效应和间接网络效应的发生机理，点明了本书的研究范围。其中本书第5章主要阐述传统网络效应理论下能够解释的网络经济中企业的竞争行为与策略，这些策略包括先动策略、提前宣告策略、锁定策略、软件多样化策略等。其中前三个竞争行为与策略主要以扩大产品的用户基础为核

心；软件多样化策略则是间接网络效应下企业的竞争策略。第6章和第7章仍然运用传统网络效应理论研究网络经济中两种较为复杂的竞争行为——兼容策略和技术进步采用策略，这两种竞争行为不直接以扩大产品的用户基础为竞争焦点。

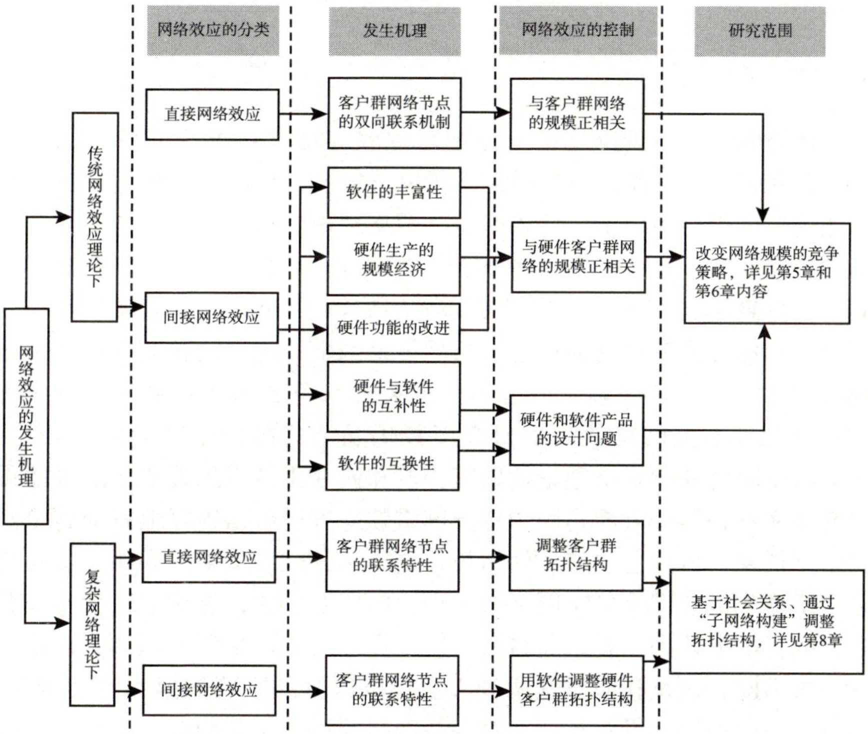

图2-4　网络效应的发生机理与本书研究范围示意

在第8章中本书将基于复杂网络理论探讨企业通过调整和改变用户网络拓扑结构，影响网络效应谋求竞争优势的竞争行为——构建好友群和子网络构建策略。

为了更好地展开上述研究内容的论述，非常有必要详细介绍传统网络效应理论和复杂网络理论的内涵、特点、方法论的异同及其适用性。而这正是本书第3章将要展开的内容。

第3章 传统网络效应理论与复杂网络理论概述

传统网络效应理论是指卡茨和夏皮罗（1985）提出网络效应理论以后，在复杂网络理论及其研究手段完善以前发展起来的相关理论，其方法论至今仍广为应用，并未因复杂网络理论的建立而消失。而复杂网络理论的诞生以瓦茨和斯特罗加茨（1998）在《自然》杂志提出了著名的小世界网络理论、巴拉巴斯和阿尔伯特（1999）在《科学》杂志提出了无标度网络理论为标志。虽然传统网络效应理论和复杂网络理论划分的时间点比较明确，但这并不意味着二者之间相互分割。事实上1998年以来有关网络效应的研究多数仍基于传统网络效应的方法论，一方面是因为复杂网络理论的研究手段和研究工具直到近些年以来才得以初步完善；另一方面是因为传统网络效应理论可以很好地解释若干网络经济现象，虽然它忽略了网络拓扑结构及其改变带来的影响。而且复杂网络理论也会借鉴传统网络效应理论的研究方法，事实上二者是彼此交融的。本书认为二者之间最大的区别在于两种理论所采用的方法论存在较大不同，这是我们对这两种方法加以区分的主要依据和意义所在。本章对两种理论进行对比，这对理解网络经济中企业的竞争行为与策略很重要，既可以借此对网络经济中企业的竞争行为与策略进行分类，又能加深理解网络效应的发生机理。

3.1 传统网络效应理论概述

3.1.1 传统网络效应理论的基本特征

传统网络效应理论是指在复杂网络理论及其研究手段完善以前发展

起来的相关理论。该方法有两个基本特征。

1. 特征一

传统网络效应理论通常不加区分地将直接网络效应和间接网络效应描述为网络规模的增函数，这一描述方式有其合理性。这是因为根据前面对网络效应发生机理的综述，对间接网络效应而言硬件和软件的互补性是由产品设计环节决定的外生因素，而其他影响间接网络效应的因素与网络规模正相关。这一对网络效应的传统描述方式至今仍广为应用。文献回顾显示迄今绝大多数的文献对网络效应采取这一描述方式。

表 3 - 1 列示了传统网络效应理论下若干代表性文献对网络效应的描述方式。效用函数的基本形式为：

$$U(x)_i = r + v(x) - p_i$$

表 3 - 1　传统网络效应理论下部分代表性文献对网络效应的描述

<table>
<tr><th>文献</th><th colspan="3">效用设定</th><th>解释</th><th>研究内容</th></tr>
<tr><td>卡茨和夏皮罗(1985)</td><td colspan="3">$U(x)_i = r + v(x) - p_i$</td><td>$r \subset (-\infty, A)$，服从均匀分布的基本效用，基本效用异质性。$v(x)$ 表示网络效用是市场规模 x 的增函数</td><td>网络竞争多均衡现象的比较静态和福利分析</td></tr>
<tr><td rowspan="3">亚瑟(Arthur, 1989)</td><td>消费者</td><td>技术 A</td><td>技术 B</td><td rowspan="3">不同类型的消费者 R 和 S 对不同技术 A 和 B 具有不同偏好。网络效应函数是线性的</td><td rowspan="3">在适应性框架内通过模拟研究历史偶然因素对标准竞争的影响</td></tr>
<tr><td>R 消费者</td><td>$a_R + rn_a$</td><td>$b_R + rn_B$</td></tr>
<tr><td>S 消费者</td><td>$a_S + sn_a$</td><td>$b_S + sn_B$</td></tr>
<tr><td>卡茨和夏皮罗(1992)</td><td colspan="3">$U = \alpha + \beta z_t$</td><td>最为简单的设定：其中 α 和 β 是常数，z_t 为 t 时间的网络规模。网络效应是线性的</td><td>动态条件下的多均衡分析和福利分析</td></tr>
<tr><td>夏伊(Shy, 1996)</td><td colspan="3">$U^\tau = \begin{cases} V_\tau + N_{\tau-1} + N_\tau \\ T_\tau + cN_{\tau-1} + N_\tau \end{cases}$</td><td>采用旧有技术则与 $\tau - 1$ 时期的旧网络 $N_{\tau-1}$ 完全兼容；如果采用新技术，则与旧网络 $N_{\tau-1}$ 的兼容系数是 c。网络效应是线性的</td><td>在动态技术竞争过程中，基本效用和网络效应之间的完全替代、完全互补和一般替代关系</td></tr>
</table>

续表

文献	效用设定	解释	研究内容
克莱门茨（Clements，2005）	$U_t = \begin{cases} a + f(2N) \\ b + f(N) \end{cases}$	消费者存活两期，新进入的 N 个消费者如果选用旧技术，网络效应为 f(2N)，如果选用新技术则为 f(N)。新技术带来的固有效用大于旧有技术，即 b > a	标准竞争跨期选择过程中的过度保守和过度动量问题
蒋传海（2010）	$U_i = v + kN_1 - tx - p_1$	网络效应由表示市场份额 N 的增函数描述，v 表示基本效用，x 表示豪特林街道上消费者对产品基本效用的差别	网络效应和转移成本影响下的价格歧视行为

其基本思想是将网络产品带给消费者的效用分为两个部分，一部分是网络产品带来的基本效用，表示即使没有网络效应，消费者也可以从产品中得到的效用，另一部分即是网络效应。式中 r 代表网络产品的基本效用；x 代表网络的规模，v(x) 即是外生给定的代表网络效应的递增函数。在完全信息的情况下消费者可以准确得知或预期网络的规模 x，否则消费者只能根据预期的网络规模 x^e，以 $v(x^e)$ 对网络效应做出评估，在理性预期的条件下，可以认为 $x^e = x$。p_i 表示购买价格。

使用传统研究方法研究网络效应，很多文献正是基于这一基本式，或对此做适当扩展而展开研究的。通常基本效用被设定为服从特定分布来显示消费者的不同偏好，但是网络效应经常被设定为具有同质性，以方便研究。在研究网络中复杂的动态问题时，网络效应往往采用更加简化的方式表述。

但是也有少数研究将间接网络效应单独加以研究，不仅仅将间接网络效应表示为硬件客户数量的增函数，还引进了软件的数量作为衡量间接网络效应的影响因素。德兰诺夫和甘达尔（2003）认为，在间接网络效应下，消费者真正关心的是软件的多样性，因而并不需要对硬件的市场规模进行预期，只需预期每种硬件可选择的软件种类。他们认为应该将软件种类引入消费者的效用函数，因为这更符合间接网络效应的定义。消费者在间接网络效应下的效用函数设定为：

$$U_i = N_i^{\beta} + \alpha + x - t_i$$

式中，i 代表标准竞争中的某一种硬件；U_i 就代表消费者购买硬件 i 的效用；N_i 代表消费者购买的 i 硬件对应的软件种类；x 表示对其他产品的消费；t_i 代表豪特林街道上消费者距离硬件 i 的距离，表示消费者对硬件的不同偏好，可理解为运输成本，又因 t_i 服从［0～1］的均匀分布，所以其均衡值也代表硬件的市场份额。这是一种对间接网络效应较为精细的描述，后续一些对间接网络效应追求精细研究的学者，基本上沿用了德兰诺夫和甘达尔这种描述间接网络效应的方式。

类似这种复杂的间接网络效应表示方法在后续研究中很少见，因此本书在研究过程中，沿用大多数传统网络效应理论的惯例，将直接网络效应和间接网络效应表示为网络规模的增函数，只在原理分析时将直接网络效应和间接网络效应加以区分。这种简化事实上是合理的，因为软件数量实际上也是网络规模的增函数，硬件的用户基础越大，围绕在其周围进行软件开发的厂商数量就越多；忽略软件数量实际上是将软件数量对网络效应的正向贡献纳入网络规模对网络效应的正向贡献。

2. 特征二

忽略了网络拓扑结构对网络效应的影响，即不考虑网络节点的联系特性对网络效应的影响。在小世界网络和无标度网络等复杂网络理论建立以前，人们对复杂网络中各个网络节点的联系特性缺乏理论认识，无法研究复杂网络的拓扑结构对网络效应的影响。因而通常采用简化的方式，将网络效应描述为网络规模的增函数。邢宏建（2008）认为，传统网络效应理论将网络效应描述为网络规模的增函数，实际上是假定网络拓扑结构为罗杰斯（Rogers，1995）提出的随机网络。所谓随机网络是指网络节点之间可以随机发生联系，节点集群不明显，是一种随机性很强的网络，因而忽略了网络拓扑结构对网络效应的影响。

至今传统网络效应理论对网络效应的描述方式仍方兴未艾甚至占据多数，原因是一些问题可以在随机网络的简化假定下得到近似可靠的研究结论；此外，巴拉等（2013）认为复杂网络的研究方法和研究手段直到最近才逐渐发展起来，学术界需要一个加深认识的过程。

3. 简要评述

传统网络效应理论通常将网络效应描述为网络规模的增函数，实质上是将客户群网络拓扑结构假定为随机网络，忽略了网络拓扑结构及其改变对网络效应的影响。一些问题可以在此简化假定下进行研究，但有的研究结论是否适用于复杂网络仍需探索，此外与网络拓扑结构密切相关的课题则很难在传统网络效应理论下开展研究。

3.1.2 传统网络效应理论的方法论

传统网络效应理论通常采用均衡分析法和博弈论研究网络竞争行为。文献回顾显示，绝大多数有关网络效应和网络竞争的研究都运用均衡分析法这一历久弥新的研究方法。该方法的主导思想是：

第一，根据研究对象确定内生变量和外生变量，通过一定的原理和逻辑关系（比如企业利润最大化、消费者效用最大化等原理），获取足够多的连接内生变量和外生变量的独立方程，包含竞争各方的反应函数方程（reaction function）。

第二，通过对博弈均衡的求解，把内生变量表示为外生变量的函数，从而完成均衡分析的第一个步骤，即静态分析。

第三，逐一分析外生变量的变化对内生变量的影响，找出隐藏的抽象规律，从而完成均衡分析的第二个步骤，即比较静态分析。

传统网络效应理论的局限性表现为：第一，邢宏建（2008）认为该方法很难把网络节点之间的联系特性——网络拓扑结构对网络竞争的影响纳入研究框架，该方法对网络效应的描述较为粗略，无法刻画客户网络节点的联系特性，也即网络拓扑结构对网络竞争的影响；第二，曹虹剑和罗能生（2009）认为均衡分析法缺乏对网络竞争的动态刻画，很难对网络竞争进行动态研究。

传统网络效应理论的上述局限性有三个原因：第一，学术界在较早期还没有充分认识到网络拓扑结构对网络效应的影响；第二，学术界对通过改变网络拓扑结构谋求竞争优势的竞争策略关注不够；第三，在较长时间内，研究网络拓扑结构及其影响缺乏有效的技术手段。目前学术界已经认识到均衡分析法研究复杂网络的局限性，并开始尝试新的研究方法以弥补上述局限，这正是复杂网络理论得以产生和发展的原动力。

3.2　复杂网络理论概述

3.2.1　复杂网络理论的建立和发展

1. 规则网络和随机网络（regular networks & random networks）

罗杰斯（1995）定义了两种拓扑结构。第一种是网络中存在分割的子网络，子网络内节点之间存在紧密联系，但是不同子网络之间的联系较少，节点的集群（clustering）特征明显，因而是一种规则的网络。第二种网络中，子网络内节点之间的联系并不像第一种网络那样紧密，而是更具开放性。某个小圈内的节点与其他小圈的节点可以发生联系，极端的情况下可以随机地与任意小圈之外的节点产生联系，节点集群不明显，是一种随机性很强的网络。现实中的网络结构往往介于罗杰斯提出的两种较为极端的网络拓扑机构之间；网络中既存在一定程度的集群现象，但处于不同"小圈"之间的节点又存在一定程度上的联系。

2. 小世界网络（small-world networks）

瓦茨和斯特罗加茨（1998）在《自然》杂志撰文提出了一个更一般的网络结构，定义了"小世界网络"。如图3－1所示，假定网络中共存在n个节点，网络中的每个节点都和k个其他节点发生"先天和小圈内"的紧密联系，然而这些联系可能并不稳固，并以p的概率指向其他节点，并建立新的联系。当p＝0时，每个节点之间的连接都很稳固，网络呈现出很高的集群特性，称为规则网络；当p＝1时，所有联系都是不稳定的，大网络中的每一个节点之间都可能建立联系，称为随机网络。实际上罗杰斯提出的网络结构是"小世界网络"靠近两个极端时的情况。

最初对小世界网络的研究，学者最关注的问题是世界上任意两个人相互认识的概率是多少，哈佛大学的社会心理学家斯坦利·米尔格拉姆（Stanley Milgram，1967）做了一个被称作是"六度分离"的实验。该实验初衷是测算在众多人口中任意两个人或者几个人认识的概率，通过多少最小个数的共同好友而认识。其方法是通过随机选取一个城市，采用写信的方式，从“发信人”到“目标人”的平均步数大约是6。司徒俊峰（2004）指出，在提出“六度分离”现象之后，美国研究者对好莱坞老演员也做了同样的测试，发现老演员平均距离L取值范围是（3，4）。刘兴智（2011）指出，美国杜克大学社会系詹姆士·穆迪（James Moody）教授在可达性研究中得出重要结论：假设存在一个随机的密友网络。在这个网络中，随着密友数量的增加，网络可达性的增速加快。如果每个人的密友数量为2，在经过大约15步后，其接触的人数将达到整体人数的80%；如果每人的密友数量为3，那么在大约8步之后，其接触的人数将超过网络的90%；如果每人的密友数量为4，那么在大约6步后，就可达到整个网络的97%。

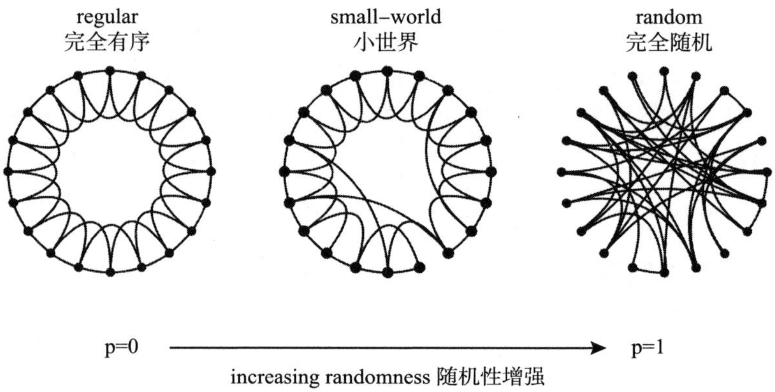

图3－1 规则网络、小世界网络和随机网络的拓扑结构示意

注：本图引自NATURE，Vol. 393，4 June 1998，P. 441。加以中文标注。

3. 无标度网络（scale-free networks）

巴拉巴斯和阿尔伯特（1999）在《科学》杂志提出的一种网络拓扑结构。如图3－2所示，无标度网络具有严重的异质性，其各节点之间的连接状况（度数）具有严重的不均匀分布性：网络中少数称之为中心点（hub）的节点拥有极多的连接，而大多数节点只有很少量的连接。少数hub点对无标度网络的运行起着主导的作用。

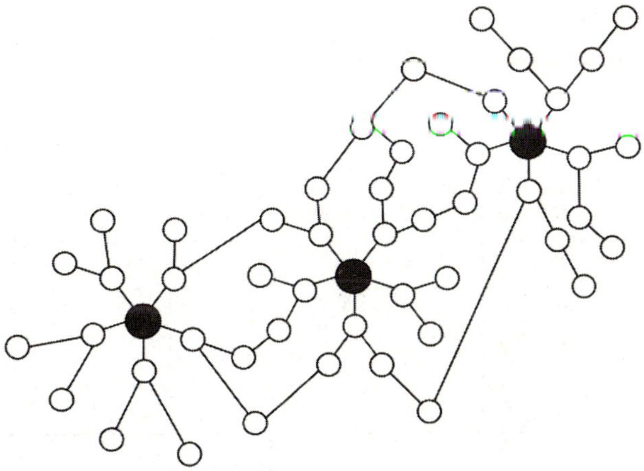

图 3-2　无标度网络拓扑结构示意

注：本图引自 http://www.spandidos-publications.com/ijo/43/6/1737。

4. 复杂网络的测度指标

（1）平均距离 L：即连接任意两点的最短途径的平均长度（这一点只适用于关联网络）。如果网络中的两点可以通过一定连线连接起来，就称这两点是可达的，网络的平均路径长度是指任意两个节点之间距离的平均值。具体公式如下：

$$L = \frac{1}{\frac{1}{2}(N+1)N}\sum d_{ij} \qquad (3-1)$$

其中，i、j 表示任意两点，N 为网络中节点数。

（2）聚集性和聚类系数 C：在社会网络中，某人朋友的朋友可能也是他的朋友，或者他某两个朋友相互也是朋友，这种现象就是聚类性，用来描述网络的紧密度。聚类系数是一种关于局部网络结构的指标。假设节点 i 有 J 条边将该点与其他点连接，其中有 M 个点是该点的邻居，在 M 个点之间最多有 Y 条边相连接，点 i 的聚类系数就是指与其连接的 M 个点之间实际连接的边数与最多边数的比值，该指标有两种界定方式：

平均距离和聚类系数是描述复杂网络结构最重要的两个统计量，给定一个固定的网络结构，可以非常方便地运用 Ucinet 软件对这两个量进行统计观察。例如存在以下五人构成的网络，每个人之间的联系特性如

表 3－2 矩阵所示。

表 3－2 五人关系的二值矩阵

	A	B	C	D	E
A	0	1	0	1	0
B	1	0	1	1	0
C	0	1	0	1	0
D	1	1	1	0	1
E	0	0	0	1	0

该矩阵为二值关系矩阵，节点之间的关系取值为 0（表示无联系）和 1（表示有联系）。技术 A 无法实现聚群，因此其构建的五人的联系矩阵表现为表 3－3。使用“Ucinet6. 0”计算五人两两之间的“邻接”距离，计算结果如表 3－3 所示。

表 3－3 五人关系的平均距离及聚类系数

平均距离	聚类系数
1. 4	0. 8

根据表 3－3 可以看出，五人网络的平均距离为 1. 4，在“距离”基础上的凝聚力指数为 0. 8。

5. 简要评述

复杂网络理论的建立为更深入地研究网络效应的控变策略奠定了基础。根据网络效应的发生机理，网络拓扑结构是影响网络效应的关键因素。如何表述复杂网络的拓扑结构成为进一步深入研究网络效应控变策略面对的首要问题。通过调整小世界网络相应特征参数，可以近似模拟和表示各类复杂社会关系网络的拓扑结构。而自然界中存在的很多复杂网络的拓扑结构可以通过无标度网络相关特征参数的调整加以模拟和研究。

3.2.2　复杂网络理论的研究方法之一：社会网络分析法

1. 社会网络分析法

社会网络分析法（social network analysis，SNA）是一种基于网络数据获取，借助于辅助软件的网络分析、过程分析和统计分析等程序，探测获取网络节点的联系特性，发现网络的拓扑结构及其相关规律的研究方法。近几年来，基于仿真模拟的 SNA 应用研究成为社会学领域研究的新兴手段。陈等（Chen et al.，2013）运用 SNA 法，对社会关系进行了估计，发现取样的方法和网络拓扑结构对社会关系所具有的影响。吴等（Wu et al.，2013）基于 SNA 方法，对规则网络、无标度网络和随机网络中的社会成员的联系进行了研究，通过仿真模拟，总结网络结构对成员联系特性的影响。

SNA 方法研究网络特性特别强调定量测度和可视化分析。遵循可视化、可测量和可评估的原则。一般来讲 SNA 遵循以下分析步骤：

第一，根据研究范畴，选定与研究相关的人际主要关系。这些主要关系包括血缘关系、社会角色、情感关系、认知关系、行动关系、流动关系、距离关系、相似关系等若干方面。

第二，数据搜集。采用社会科学实证研究的信息收集方法，采用问卷调查、访问、文本研究等形式获得社会关系的数据。

第三，运用 Ucinet、Pajet、Netminer 或者 Structure 等 SNA 软件导入数据，运用软件的网络分析程序对网络拓扑结构的特性及其规律进行测度和统计分析。同时 Pajet 还具备纵向网络分析功能，可以用于研究和考察网络随时间的演化。

第四，将 SNA 软件完成测度的数据和处理结果输出至可视化软件，以可视化的图形显示分析结论。功能强大和最常使用的 SNA 软件 Ucinet 自身并不具备可视化处理功能，但可将分析结果输出至 NetDraw、Pajek 或 Mage 等软件作图。而像 Repast、Pajet 和 Netminer 这样的 SNA 软件，则同时具备网络分析和可视化处理的功能。

2. 简要评述

SNA 这一始创于人类学和社会学的研究方法，逐步成长和发展为研究网络群体特性和规律的普适方法，特别适用于研究、获取和描述复杂网络的拓扑结构。近几年来，SNA 越来越多地运用到了各个领域，逐渐发展成了一种跨学科的研究方法，为研究复杂网络中网络节点的联系特性和网络拓扑结构提供了功能强大的方法论和辅助软件。管理学领域借助于 SNA 方法研究客户群的网络效应，可以获取客户群网络节点的联系特性和网络拓扑结构，为研究网络拓扑结构对网络效应和网络竞争的影响奠定了基础。SNA 方法虽然能够获取网络的基本特性，但是分析和预测网络演化趋势的功能较弱。近几年来管理学和经济学领域发展和形成了一种以 SNA 分析为基础的新研究方法——基于主体的计算机经济学（agent-based computational economics，ACE），可以弥补这一局限。

3.2.3 复杂网络理论的研究方法之二：基于主体计算的方法

1. ACE 方法概述

邢宏建（2008）认为 ACE 是一种在模型中指定微观网络个体遵循的行为和关系规则，利用相关软件对个体行为互动进行模拟仿真，从而得到宏观层面研究结论的经济学研究方法。阿里福维奇和卡拉伊万诺夫（Arifovic & Karaivanov，2010）认为，ACE 方法从经济系统的微观主体（agent）出发，让大量自适应的网络个体通过互动“自下而上”地生成一个仿真系统，根据仿真模拟涌现出的特性揭示现实中的经济规律。范如国等（2013）认为，ACE 方法特别适用于研究复杂网络拓扑结构中网络节点的联系特性和个体关系对网络总体演化的影响。ACE 研究方法一般遵循以下步骤：

第一，界定网络单个主体的选择行为，作为个体最优选择的依据；第二，指定网络结构及个体之间的拓扑关系；第三，根据研究问题设定相应模拟参数；第四，运用基于主体的仿真模拟软件进行多次模拟运行（通常为几十次以上），并对结果进行统计分析得到总体结论，必要时可以选取不同软件进行模拟，以观察结果的一致性；第五，对模拟结果进行解读和阐释并得出结论。

2. 基于 ACE 方法对网络效应的研究

韦斯塔普和温特（2000）对网络效应的研究具有标志性意义，他们将 ACE 方法引入网络效应的研究，虽然那时基于主体计算的研究工具并未成熟，但他们应用 Java 编程，通过仿真模拟分析了网络节点之间的三个特性参数（联系、聚焦和距离）对企业网络竞争的影响。李和宋（2003）应用自编程序进行的仿真模拟发现，美国即时聊天软件市场中后进入的聊天软件依靠允许客户加好友，而超越了早先具有较大市场份额的聊天软件。这些研究具有一个共同特点，那就是 ACE 仿真模拟使用的是自编程序。

近几年的研究：随着 ACE 方法的发展，一些第三方多主体模拟软件，比如 Netlogo、Starlogo、Swarm、Repast 等发展起来。正如巴拉等（2013）指出的，经过近 10 年的孕育期，直到最近有关复杂网络的研究技术手段才逐步发展起来。借助于新的技术手段，相关研究相继出现。伯尔曼等（Bohlmann et al.，2013）应用基于主体的计算模型，研究发现网络结构对创新的扩散产生显著影响，局部市场内部和局部市场之间的联系特性决定了创新扩散的速度。米拉韦特等（Miravete et al.，2013）运用基于主体的计算模型，研究消费者的经验学习对其选择行为的影响，采用重复试验的办法，总结了消费者的决策依赖和过度保守。周琦萍等（2014）研究了基于主体的创新扩散与 Bass 模型的内在联系，建立基于主体的创新扩散模型，研究网络拓扑结构、内部因素和外部因素影响下的微观创新扩散机理。安德烈等（Andrei et al.，2014）运用 ACE 的方法研究发现：缴税主体存在网络效应，网络拓扑结构对税收主体的申报行为具有重要影响，在中心性比较强的网络中，缴税主体倾向于更加如实地申报自己的收入；而在中心性比较弱的网络中，则避税申报的倾向会增加。ACE 逐步成为跨学科的研究方法，李静等（2014）、罗杭等（2015）运用基于主体计算方法研究了区域网络发展中的现实问题。

3. ACE 方法和 SNA 方法的融合

最近开始出现将 ACE 和 SNA 两种方法结合起来的相关研究。怀特纳等（Widener et al.，2013）将两种方法结合起来运用 ACE 方法研究了社会网络的拓扑结构对居民在飓风前撤出行动的影响。两种研究方法的融合也出现在了管理学研究领域。邱等（Qiu et al.，2014）运用ACE方法研究了社会网络对市场预测的影响，他们发现具有广泛社会联系的社会成员，尽管更不愿意为获取信息付出成本，但是他们对市场的预测明显更为准确。

4. 简要评述

SNA方法虽然是发现网络节点联系特性和网络拓扑结构的有效方法，但对网络宏观总体演化的解释能力较弱。而ACE方法虽然无法发现网络节点的联系特性和网络拓扑结构，但可以研究复杂网络拓扑结构的演化，着眼于利用基于主体的仿真分析，自下而上地反映网络的总体演化趋势。这两种方法具有先天的互补特性。利用SNA方法可以发现复杂网络的拓扑结构，而运用ACE方法可以研究复杂网络的演化规律。最近几年将这两种方法结合起来研究复杂网络相关问题成为一种新的研究趋势。本书意识到了这种新的研究趋势，在研究客户群网络拓扑结构的调整机制和网络效应的控变策略过程中，将注意借鉴和使用这两种互补的研究方法。

第 2 篇　网络经济中的波特竞争战略

第4章　一般竞争战略在网络经济中的应用

成本领先战略（cost leadership strategy）、差别化战略（differentiation strategy），以及聚焦战略（focus strategy）是管理战略大师，哈佛大学商学院教授波特（1980）提出的三大竞争战略，这些战略或其组合成为现代企业制定竞争策略的思想宝库。波特的理论体系早于卡茨和夏皮罗（1985，1994）对网络效应的界定，客户群蕴含的网络效应为企业竞争策略研究开辟了新领域。具体而言：一方面，以ICT产业为代表的新兴产业为波特战略理论的扩展和应用提供了广阔的新舞台；另一方面，这些产业中广泛存在的网络效应迫使我们必须面对和研究企业可能采取的新的竞争策略，本章并不将论述重点放到这些新的竞争战略上，而是围绕波特提出的三大竞争战略重点阐述它们在网络经济中可能呈现出的新特点。

4.1　网络经济中的成本领先战略

4.1.1　成本领先战略

1. 成本领先战略的含义和好处

成本领先战略是指企业通过降低成本，在研究开发、生产、销售、服务、广告等领域，使企业的总成本低于竞争对手的成本，甚至达到全行业最低，以构建竞争优势的战略。当产品差异不大时，企业经常将竞争重心转移到成本领先战略上来。实现成本领先带给企业的好处显而易见。首先，在市场势力既定的情况下，企业按照成本的加成数定价，市场价格由行业代表性企业的成本加成决定，从而成本领先的企业可以获取更多的利润。其次，成本领先的企业可以有效避免竞争对手通过价格战进行掠夺性定价的冲动。最后，成本领先的企业凭借成本优势，对潜在进入者形成进入壁垒，并在原材料价格谈判中获得定价优势。

2. 成本领先战略的实现途径

实现成本领先主要通过以下三个途径获取：

第一，获取成本领先，可以通过技术创新获取，也可以在没有技术创新的条件下获取。通过技术创新可以明显降低生产成本。技术创新及其伴随的生产设备的现代化，会大幅度降低成本。如福特汽车通过传送带实现了流水生产方式而大幅度降低了汽车生产成本，存储技术创新大幅度降低了存储设备，比如硬盘和 U 盘的成本和价格。

第二，在没有技术创新的条件下，也可以实施成本领先战略，比如通过规模经济和干中学降低生产成本。首先是规模经济。当生产规模不断扩大时，长期平均成本不断降低，获取到规模经济的好处，取得成本领先的优势。其次是干中学获得的经验所带来的好处，随着生产数量的增加，人们的生产与管理的技术与经验水平不断提高，从而降低单位产品的成本，获得成本优势。在生产规模扩大的过程中，可以增强对原料供应商的谈判能力，降低原料成本。这些降低成本的方式归根到底都需要足够大的产量作为支撑，才能享受到规模经济、干中学和降低原材料价格，从而达成成本领先的优势。

第三，成本优势还可以通过塑造企业文化、实行精细化管理、形成节能降耗降低成本的企业文化获取，不但要控制好战略性成本，还要控制好作业成本。不但要注重短期成本，更要注重长期成本，实现对成本的有效控制。

3 成本领先战略适用的条件

追求更低的成本是企业不变的追求，在产品没有差别的前提下，成本领先就成为企业参与市场竞争的法宝，而价格竞争的本质就是成本竞争。价格战是价格竞争的一种典型表现形式。根据伯特兰德（Bertrand）寡头竞争模型，产品没有差异的双寡头进行价格竞争，成本优势一方把价格定在成本劣势一方的长期平均成本上，就能将成本劣势一方挤出市场，并依靠这种掠夺性定价方式成为市场的垄断者。因此产品没有差异的纯粹寡头之间进行竞争，往往会演变为价格战，成本领先战略就显得格外重要。在家电市场上，各品牌之间的差别在消费者心目当中往往并没有广告宣传得那么大，因此价格战经常爆发。那些相对于行业平均水平具有明显成本劣势的厂商，即使具有比较悠久的历史和品牌价值，也很容易破产，新飞冰箱就是一个很好的例证。

4.1.2 网络经济中的成本领先战略

1. 网络经济中成本领先战略的重要性

在网络经济中，消费者根据自己购买商品可能获得的效用是否超过保留价格进行消费决策。根据第3章对网络经济中消费者效用函数的刻画，网络经济中消费者的典型效用函数形式为：

$$U(x)_i = r + v(x) - p_i$$

假定网络经济中的两个纯粹寡头进行竞争，产品没有差别。因此两个企业的定价是一样的，再假定市场不存在价格歧视行为，则对所有消费者而言产品价格是一样的，也即 p_i 相同。此外，由于产品没有差别，消费者从产品中获得的基本效用 r 也是一样的。因此消费者选择不同的产品主要依据效用函数中的网络效应项 v(x) 的大小，由于 v(x) 是 x 增函数，也即消费者将选择用户数量多、客户群网络规模较大的产品。这进一步会形成所谓的正反馈效应，市场领先的产品由于选择人数增加，其网络效应进一步增大，最终吸引更多的消费者加入。这就是形成了克拉克（Clark，1999）所谓的“冒尖”现象。

因此从理论上来讲，在网络经济中，如果产品没有差别，先进入的厂商由于用户基础较大，从而具有较大的网络效应，后进入厂商要进入市场如果成本和价格与在位厂商一样，则很难进入市场，因为在位厂商可以依靠安装基础为消费者提供额外的效用——网络效应。也就是说后进入的厂商成本和价格必须低于在位厂商，而且这种低的价格差足以克服在位厂商的安装基础形成的网络效应。反之，新进入厂商和在位厂商在成本和价格一致的前提下，除非产品具有明显差异，后进入厂商在产品无差异时很难进入市场，最终会形成赢者通吃的垄断市场结构。这就是为什么我们很少在网络经济世界中找到两种相同甚至非常相似的产品进行竞争。理论很好地与现实吻合。

在上述假定维持不变的基础上，网络经济中后进入厂商有没有机会战胜在位厂商呢？答案是有。在上述分析过程中我们假定价格 p_i 相同，且维持不变，但价格是根据成本变化的，如果后进入厂商采用较为先进的技术或者不同的生产工艺，极大降低成本，有可能将价格定在远低于在位厂商的水平上，这种成本乃至价格优势，如果能克服在位厂商由客户基础形成的网络效应优势，新进入厂商就会后来居上，战胜在位厂商获得垄断地位。

在上述假定维持不变的基础上，如果两个厂商同时进入市场之中，最后竞争的焦点就会集中于市场规模、成本和价格。能控制成本、价格较低的一方显然会吸引更多的客户加入和形成更高的网络效应，这会进一步提高消费者效用，提升消费者购买这种产品的愿望。最终这种竞争的焦点就是成本竞争。

2. 总结

通过上述分析可见，在产品没有差异的前提下，网络经济中的产品竞争更容易形成垄断的市场结构，在形成垄断市场结构之前，参与市场竞争的企业竞争的焦点是成本竞争。在先后进入市场的情况下，后进入厂商的成本优势必须足以克服在位厂商的安装基础形成的网络效应；在同时进入的情况下，成本领先的一方市场规模将会更快成长，网络效应由此增加并吸引更多的消费者购买，因此谋求成本优势就成为成败的关键。因此网络经济中的企业如果不能有效实施产品差异化战略，则追求成本领先就成为竞争的焦点。

4.2　网络经济中的产品差异化战略

4.2.1　产品差异化战略

1. 产品差异化的含义和好处

所谓差异化战略，是指为使企业产品、服务、企业形象等与竞争对手有明显的区别，以获得竞争优势而采取的战略。这种战略的重点是创造被全行业和顾客都视为是独特的产品和服务。该战略强调向对价格相对不敏感的顾客提供产业范围内的独特产品与服务。

产品差异化战略是垄断竞争厂商和差别寡头参与市场竞争最重要的非价格竞争策略。该战略可以使企业获得更大的定价权，比如提高价格而造成的客户减少程度降低，这是因为企业向客户提供的产品是与众不同甚至是个性化的。差异化产量充分利用了消费者偏好的异质性，即使产品价格再贵，也有一些看中产品某项特质的消费者购买，提高了客户的忠诚度。差异化战略使企业面对的客观需求曲线变得更为陡峭，无形当中增强了企业的市场实力。

2. 差异化战略的实现途径与风险

实现差异化战略需要企业对研发和营销职能进行有效协调，将营销部门获取的消费者需求信息反馈到研发部门，研发部门根据销售部门意见采用技术手段实现消费者所需的产品功能和特性。营销部门根据客户对新功能和特性的反馈进一步改进产品。此外企业要拥有吸引科学人才和创造性员工的良好氛围。将具有创造性的科学人才吸引到企业当中，能够创造消费需求而非简单满足现有的消费需求。事实上只有伟大的创新供给才能创造出大量的需求，例如，手机本来的功能是实现通话功能，而发展到今天，手机所创造出来的功能已经远超于此。一些伟大的产品比如微信创造出了海量的市场需求，基于此创造出微信钱包这一盈利源泉。伟大的人才创造伟大的技术和产品，伟大的技术和产品创造原本没有的海量需求，这正是19世纪萨伊定律的本质。

产品差异化战略也有一定的风险，风险主要来自付出大量研发费用的新产品的创新不够伟大，顾客没有给某种特色产品以很高的评价，从而使他们不能接受该产品的高价，无法创造出大量的需求。规避这一风险的方法归根到底在于企业中人才的创造性和创新的积极性。另一个风险来自竞争者可能迅速找到模仿差异化特色的有效途径，这使得原本具有竞争力的差异化战略变为趋同。规避这一风险的途径主要来自知识产权的保护机制。

4.2.2 基本效用差异化和网络效应差异化

根据第3章所述，网络经济中消费者的效应函数分为两部分：基本效用项和网络效应项。其中基本效用的大小与用户数量无关，而网络效应与用户数量正相关。那么产品差异化过程中，哪些差异化是针对基本效用项展开的？哪些差异化属于网络效应项的差异化？只有搞清楚这一基本问题，才可能分门别类实施不同的差异化战略。

1. 基本效用项的差异化

根据第2章网络效应的发生机理所论述的，网络效应源自消费者之间建立起来的双向联系通道。由于基本效用与网络规模没有关系，基本效用项的差异化是指那些与网络规模成长带给人的效用无关的差异化，也就是说这种差异化会使消费者在网络规模没有改变的情况下也能感觉到效用改善，则这种改变就是基本效用的改变，这种差异化战略改变的是消费者购买产品获得的基本效用。

这一理论阐述较为抽象，但是可以通过举例加以具体化。例如，在联系对象确定的情况下，邮箱带给用户的体验是可以在不删除的前提下永久和不可撤销地保存包括附件在内的通信内容，因为这些数据都是保存在邮箱运营者的服务器当中。当我们用微信把相同的信息发给相同的联系对象则做不到这一点，信息包括附件都是存储于手机存储单元之中，而且微信的文件还有浏览期限，过期则不再能打开。这种不同就属于两种产品带给消费者的基本效用不同，在我们的联系人固定的情况下，这两种产品带给我们不同的感受。因此当我们进行商业交往或者传递重要工作文件时，通常会选择利用邮箱传递电子合同或者重要文本以防产生纠纷时随时可查。同理，手机网络与固定电话网络基本效用的不同在于，手机可以使用户的联系脱离固定的地点，这就是手机网络与固定电话网络基本效用的差异化。据上所述，手机续航能力的增强、拍摄功能的引入、显示功能的改善，这些都属于基本效用的改进。

2. 网络效应的差异化

网络效应的差异化仍然需要根据网络效应的发生机理进行判断。由于网络效应来自用户之间建立的双向联系通道，因此那些能够改变和影响双向联系通道的差异化就是网络效应的差异化。

我们仍然可以通过举例来说明这一抽象的原理。例如最早的手机只有无线通信功能，后来加入了短信功能，这一改变相当于在不同消费者之间架设了另外一种双向联系通道，因此改变并提高了网络效应，这种产品的差异化就属于网络效应的差异化。同理，随着手机技术的进步，人们可以运用手机上网，而且可以通过微信、QQ 或者邮箱进行联系，这无疑将计算机互联网能够实现的构建用户之间双向联系的方式移植到了手机上，由于联系方式和联系通道的增加，网络效应也得到加强。QQ 作为即时聊天工具，一开始没有群功能，后来腾讯赋予 QQ 用户建立群的权利，群功能改变了用户之间的关系和联系，因此其本质仍然是改变网络效应。

4.2.3　网络经济中的产品差异化与产品共存

1. 网络经济中的产品差异化

实际上，网络经济中我们较少观察到克拉克（1999）所提到的“冒尖”现象，市场垄断并不常见。比如我们短途出行时，可以看到很多共享单车品牌存在于市场当中；我们饿了想订购外卖时，有很多专业外卖平台提供服务；我们想与别人取得联系时，有邮箱、微信、QQ、旺旺等很多网络平台可以提供交流服务。网络经济中广泛存在的共存现象说明，上述第一节的分析一定是忽略了网络经济中一些较为关键的事实，这一忽略的事实就是产品的差异化。

产品的差异化是网络经济中的市场结构非垄断的主要原因，因此后进入厂商进入市场或者多个厂商并存于市场的法宝就是明显的产品差异化。我们可以用网络通信为例加以说明。我们身边网络通信的常用工具包括邮箱、微信、旺旺和 QQ 等，不同产品处于共存的局面。尽管微信通过群功能实现了手机即时通信这一异常强大的功能，并且用户数量庞大，但仍有几乎同样庞大的人群使用邮箱、旺旺和 QQ 进行网络通信。这使得挂靠于微信的盈利产品“钱包”无法实现对电子支付的一统江山，挂靠于淘宝旺旺的支付宝具有同等强大的盈利能力。

多种网络通信工具并存的主要原因就在于产品的差异化。我们仍然可以用传统网络效应理论消费者的效用函数加以解释。效用函数分为基本效用——由那些与网络规模无关的效用组成，还有网络效应——由那些随网络规模成长而增加的效用组成。上述四种网络通信工具的基本效用存在明显差异，人们使用邮箱的基本效用通常是商业交往、办公、传送附件以及长时间储存通信内容。而使用微信的基本效用在于满足人们快速获取多元化信息的需求。旺旺的基本效用来自交易的安全性要求，淘宝强行规定旗下所有网络平台的交易必须用旺旺记录才具有证据效力。QQ 的基本效用是基于计算机传送即时通信信息和大文件。这四种产品的基本效用存在很大的不同，因此无论其网络效应大小，消费者都会在特定用途下选用特定产品。

2. 网络经济中产品差异化的关键

网络经济中实施差异化的关键在于对产品带给消费者的基本效用的塑造，基本效用就是带给消费者的与网络规模无关的效用。网络经济中越是成功的产品差异化行为越需要产品带来的基本效用与众不同，最好具备独一无二的功能，这样无论其他产品的用户网络如何庞大，网络效应如何强大，也不能妨碍部分消费者由于特定的基本效用所提供的功能选用该种产品。例如，当你从淘宝网络购物时，交流的工具肯定要选择旺旺，其他聊天工具的证据淘宝不承认其效力。当你与商业客户签订合同需要确认时，选用带有附件功能的邮箱是常见和公认的标准商业行为。因此无论微信和 QQ 多么强大，都无法淘汰旺旺和邮箱作为网络通信工具的地位。基本效用差异化是落后厂商谋求市场存在的法宝。

但这并不是说网络效应项的差异化不重要。如果一个产品随着网络规模的增加能够提供比竞争对手在相同成长条件下更强的网络效应，当然也可以获得竞争优势。这时该种产品基本上可以凭借此项优势获得市场优势地位。产品提供的基本效用决定了产品的基本特性，或者说服务的性质，具有稳定性；网络效应是随着网络规模而变化是变动的，也是决定效用变化的主要因素。

3. 总结

网络经济中实施产品差异化战略是立足于市场的基本要求，因为同质化产品将会导致"冒尖"和垄断的市场结构。因此对比传统经济形式，网络经济要求企业更加注重产品差异化战略。产品差异化的关键是，能否创造独特的产品特性，产生特定的基本效用，使之满足消费者某种特定的需求，并且无论市场规模如何，部分消费者或者多数消费者都有这种特定的需求。这样无论竞争对手的客户网络如何庞大，网络效应如何强大，都不会妨碍消费者在产品设计的特定用途下，选用该产品，达成网络经济中的市场共存。

4.3　网络经济中的聚焦战略

4.3.1　聚焦战略

聚焦战略（focus）是向一小部分顾客群体提供需要的产品或服务。聚焦战略可以分为两种类型。一种是低成本聚焦战略，指以最低的价格向一小部分顾客（利基群体）提供产品和服务；另一种是最佳值聚焦战略，指以最佳价格向一小部分顾客（利基群体）提供产品和服务。最佳值聚焦战略有时也被称为"聚焦差异化战略"，指能够比对手更好地为利基群体顾客提供产品和服务。

聚焦战略的实施有赖于史密斯（Smith，1956）提出的著名的市场细分策略，市场细分是一种根据消费者购买行为的差异，把整个市场分为若干具有相似特性的消费群体的竞争策略。客户细分可以尊重不同客户群体的个性，对不同客户群采取不同的市场销售战略，达到最优配置客户资源的目的。客户细分的基本步骤包括：确定客户细分的维度和变量；获得客户的基本数据；利用方法和模型将市场客户细分为不同的客户群；分析客户群的特性并最终确定可开发的客户群；为选定的客户群制定不同的营销策略。客户细分研究的焦点是如何确定客户细分的维度和指标（Couteaux，1986；Marcus，1998）。在客户细分策略的基础上，确定利基，实施聚焦战略可以帮助企业获得市场竞争优势。所谓利基市场是指在较大的细分市场中具有相似兴趣或需求的一小群顾客所占有的市场空间，这是一个小市场并且它的需要没有被服务好，或者说有获取利益的基础。

实施聚焦战略需要根据利基（niche）市场的特性斟酌使用。当以下几种情况出现，应特别重视聚焦战略：第一，利基市场很大，目标市场利基很大、有利可图并不断增长；第二，市场领导者认为利基对自身不很重要，或者市场领导者认为在顾及主流顾客的同时，满足目标市场利基的特别需求成本昂贵或难以满足；第三，企业有多个不同的利基或部门，从而一个项目只允许选择一个适合于自身的利基；第四，很少有竞争对手试图在相同的目标分区标新立异。实施聚焦战略同样存在风险，因为存在着众多的竞争者认识到这一聚焦战略的成功所在而纷纷效仿的可能性，也存在着消费者的偏好转向市场中的标准化产品的可能性。

4.3.2 网络经济中的聚焦战略

在传统经济模式下，人们获取信息的渠道相对较少，信息传递通常呈现出单向模式，由于客户之间缺乏相互联系的双向通道，很多信息传递网络并不存在网络效应。比如有线电视网络，只有信号下行功能，信号上传功能缺失，导致客户之间无法通过有线电视实现双向联系，根据第2章有关网络效应发生机理的论述，有线电视网络并不存在网络效应。各类传媒广告成为人们获取产品信息的主要渠道。在这种情况下即使能够通过广告宣传将产品信息传递给消费者，也很难拾取消费者的偏好信息。传统的问卷法获取的消费者偏好信息由于调查样本有限往往存在失真，而且很难实时跟踪消费者偏好的变化。因此，在传统经济模式下实施聚焦战略存在一定局限性。

网络经济为聚焦战略提供了聚焦和识别客户的有利条件，这主要体现在以下几个方面：

第一，网络经济中消费者的显示偏好可以通过大数据显示出来，获取消费者的显示偏好成了可能，这极大提高了聚焦战略的针对性和有效性。依据互联网大数据，国内众多数据拾取和分析公司可以帮助企业实现广告的定向投送。我们浏览互联网过程中，这些定向投送的广告就是我们最近搜索或者购买的产品类型，这极大地提高了客户细分的有效性，降低了聚焦战略的难度。

第二，具有网络效应的产品，比如微信通过群功能实现了信息传递的双向通道，群内成员的信息传递都是一对多双向模式，信息传递的效率极大提高，微信群功能同时实现了人们邀请同好加入群聊的功能，一些具有类似爱好的消费者基于群功能得以聚集，为相关企业实施聚焦战略提供了大数据。

第三，手机应用程序（application，App）的开发为企业提供了实施聚焦战略的有效工具，通过 App 平台，消费者的显示偏好在数据库中唾手可得，聚焦战略的定向优惠可以根据客户类型精准实施。

第四，由于网络经济中的网络效应本质上来自消费者之间的双向联系通道或相互影响，网络经济中产品的个性化定制成为可能。在传统经济模式下，由于传统信息传递模式通常是单向的，消费者很难向厂商传递偏好信息，个性化产品定制产品市场并不多见。伴随着网络经济的发展，个性化消费和定制产品成为未来消费发展的新动向和新热点。

4.4　网络经济中三大战略的综合应用

学术界通常用波特的五力原理阐述成本领先、差异化和聚焦战略，并阐述三大战略之间的关系。所谓五力原理是指一个行业中的竞争存在着五种基本力量：潜在的行业新进入者、替代品的竞争、买方讨价还价的能力、供应商讨价还价的能力，以及现有竞争者之间的竞争。本书并不想重复这些经典的管理学理论，在此结合网络经济的特性阐述企业如何综合运用三大战略。

4.4.1 网络经济中三大竞争战略的关系

在网络经济中单纯应用成本领先战略，后进入市场或者市场份额较小的厂商需要很大的成本优势，定价低于在位厂商或者市场份额领先企业，并且这种低的差价足以克服在位厂商或者领先厂商依靠用户优势提供的更高的网络效应，才能逐渐在市场中不断壮大。但是正如第一节中阐述的那样，成本领先可以来自更为先进的技术，也可以来自规模经济或者干中学。但是后发厂商或者市场份额较小的厂商本身产销量就相对较低，规模经济和干中学较难获得成本优势。而通过技术创新获得后发优势似乎需要足够强大的研发能力和研发团队，或许只有技术实力足够强劲的大集团在拓展业务过程中才能获取这种能力。因此在网络经济中后发企业单独应用成本优势战略存在较大难度，应配合差异化战略或者聚焦战略才能充分发挥作用。

差异化战略是网络经济中后发厂商实施成本优势战略的切入点。如果后发厂商能提供与领先厂商不同的产品，带给消费者不同的基本效用，使得某些消费者或一些消费者在某些情况下不得不使用该产品。或者带给用户独特的联系方式并改变了网络效应，都可以使一部分消费者忽略领先厂商的安装基础，使用后发厂商的产品。后发厂商在市场立足后，不断降低这种特别产品或者服务的成本，将在差异化的基础上形成成本优势。例如，邮箱依靠给用户提供可保存信息的交流平台，在需要永久保留信息的商业交往和工作交往过程中为多数人使用，邮箱提供给消费者不同于微信的基本效用，因为这与微信庞大的安装基础优势没有关系。因此像网易等邮箱平台运营商只要在邮箱技术领域不落后于腾讯集团，谋求成本优势即可对微信形成邮箱领域的竞争优势。再如，微信作为信息传递的工具是腾讯集团的核心产品之一，微信产品对传统移动运营商形成挑战主要是微信产品构建了移动运营商双向通话功能之外更多的双向联系机制，实现了网络效应的差异化。微信产品为消费者构建的双向联系通道包括文字传递，这一功能加上移动数据传输极低的成本，形成了对手机短信功能的成本优势，基本取代了移动运营商的手机短信功能，现在使用手机短信功能的消费者越来越少。微信还实现了图片传输以极低的成本取代了移动运营商的彩信产品，此外，视频传输功能、群聊功能构建了消费者更多种双向联系的通道，改变了消费者的网络效应，使消费者离不开微信产品，微信改变人们的生活方式甚至习惯。

聚焦战略也是网络经济中后发厂商实施成本优势战略的切入点。在产品没有差异并且目标客户一致的情况下，后发厂商在网络经济中很难进入市场，因为这种情况下谋求成本领先几乎是不可能完成的任务。但是聚焦战略的实施可以为后发厂商开启进入市场的大门。后发厂商可以通过缩小和锁定特定的目标客户，或者通过缩小和锁定原先目标客户中的某些特定需求，实施聚焦战略，提供不同于在位厂商，或者在位厂商无法提供的特定产品和服务，从而在市场占据一席之地，再进一步通过技术创新、干中学和规模经济，逐渐减少这一特定产品和服务的成本，做到成本领先，获取在目标客户身上的竞争优势。我们也很容易发现网络经济中利用聚焦战略获取成本领先进而获取局部竞争优势的案例。例如，阿里巴巴集团是网络交易当之无愧的行业霸主，但这是否意味着其他厂商无法在网络交易领域的某些细分市场上获取竞争优势呢？答案是否定的。美团和美团外卖就是在餐饮领域及百货领域挑战阿里巴巴的优胜案例。阿里集团的核心竞争优势是通过支付宝为买卖双方提供了一个担保交易的网络交易机制，使得远隔千山万水的买卖双方实现交易，而且异常成功地吸引了几乎所有的国人和国内大部分的网络商家参与其中，具有非常强的网络效应。但是美团敏锐地发现尽管阿里巴巴的势力异常强大，但是基于近距离的本地交易却并不十分依赖支付宝这种担保交易机制，而本地交易的关键是时效性和方便性，于是较早在国内打造了网络点餐的美团外卖。这种聚焦于本地餐饮外卖的聚焦战略果然在这一领域带给美团巨大的成功，美团通过打造外卖点餐、送餐、评价一整条餐饮外卖的网络交易平台，一举成为该行业的领航者，从而得以在网络交易竞争白热化的当今谋求了市场的一席之地。而后美团通过组建送货团队、跟店谈判和扩大用户基础进一步降低成本，谋求在这一领域的成本领先，进一步巩固了在目标市场的地位。最近，美团已经将目标市场进行了拓展，推出了本地百货送货上门服务。

网络经济中的差异化战略是聚焦战略的归宿和落脚点，而聚焦战略并不必然是实施差异化战略的先导。网络经济中聚焦的核心是缩小和锁定特定的目标客户，或者通过缩小和锁定原先目标客户中的某些特定需求，提供不同于其他产品的差异化服务，所以说实施聚焦战略的归宿或者落脚点是差异化。但是网络经济中实施差异化不一定要先聚焦而后再对特定人群实施产品差异化策略，这是因为可以对所有客户实施差异化策略，尽管先聚焦再对目标客户实施产品差异化更为常见。

4.4.2 网络经济中后发企业获取竞争优势的三条路线

图4－1描述了后发厂商如何在网络经济中应用三大竞争战略将竞争劣势转化为竞争优势。

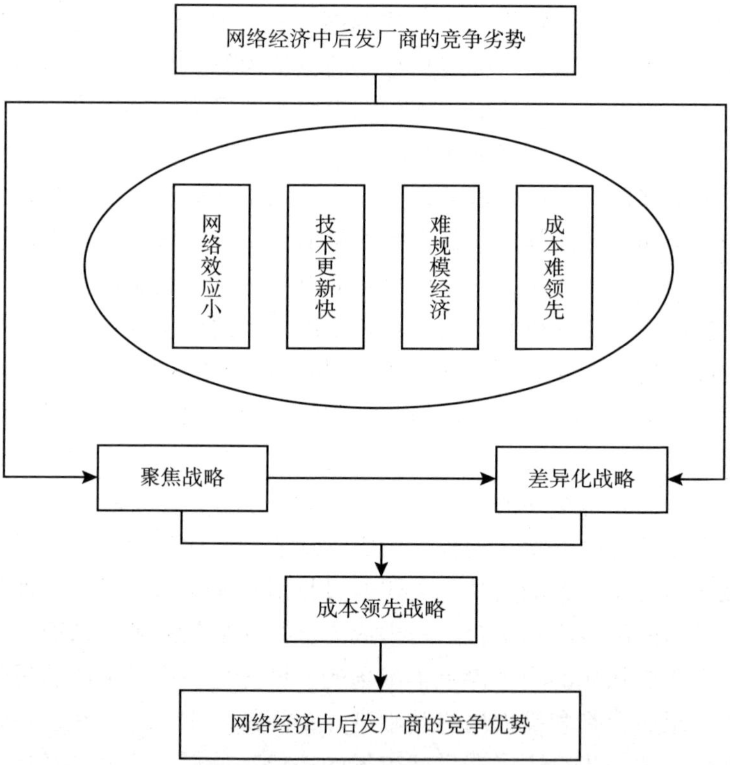

图4－1　网络经济中三大竞争战略的关系及其应用示意

图中椭圆区域内是网络经济中后发厂商面对的四大难题：一是没有安装基础几乎没有网络效应，消费者效用由此降低；二是网络经济技术更新通常较快，一时的技术领先容易被在位厂商超越；三是后发厂商由于需要开拓市场，一开始难以获得规模经济；四是综合来看后发厂商难以实现成本领先，从而较难进入市场与在位厂商展开竞争。但这并不意味着后发厂商根本无法与在位厂商展开竞争。后发厂商竞争的路径是绕开椭圆中列示的四大难题，沿着三条主线展开竞争：

第一条主线是通过聚焦战略，对缩小的锁定客户或者客户的特殊需求实施产品的差异化，并以此为基础进一步达成差异化产品的成本领先，进而获取对在位厂商的竞争优势。

第二条竞争路线是第一条竞争路线的简化，通过聚焦战略就可以直接实现成本领先战略，进而获取对在位厂商的竞争优势。

第三条主线并不依赖于聚焦战略，而是实现产品对所有客户的全面差异化，而后运用成本领先战略获取对在位厂商的竞争优势。

我们可以从现实生活中发掘出很多案例，说明这三条典型的竞争路线对后发厂商获取竞争优势有指导意义。

第 3 篇　传统网络效应理论下的竞争行为与竞争策略

第 5 章　传统网络效应理论下的一般竞争行为与竞争策略

传统网络效应理论下的几种竞争行为与策略包括：先动策略、提高转移成本策略、提前宣告策略、软件多样化策略、软件和硬件互补策略、兼容和标准化策略等。其中最后一种竞争策略较为复杂，本书将在下一章进行系统论述。本章着重深入探讨前五种竞争行为与策略。其中前三种策略的核心是扩大客户安装基础从而增强网络效应，以获取竞争优势。第四种和第五种竞争策略适用于间接网络效应下企业的竞争行为。本章将在第一节对传统网络效应理论下的这些竞争策略进行简要介绍，后续各节则分别针对列举的不同策略进行深入剖析。

5.1　传统网络效应理论下增强网络效应的竞争策略

控制和改变客户群网络效应是企业谋求竞争优势的重要策略选项。由于传统网络效应理论将网络效应描述为网络规模的增函数，忽略客户群网络拓扑结构对网络效应的影响，因此增强网络效应方式的根本途径在于扩大客户群网络的规模。围绕客户群网络规模的扩大，学术界重点研究了以下企业竞争策略。

5.1.1　竞争策略

1. 先动策略

亚瑟（1989）提出网络规模是影响网络效应的重要因素，通过先动策略抢先占领市场从而形成较大的安装基础并产生较大的网络效应，在一定条件下可以阻止技术更为先进的后进入者进入市场，由此可以产生“冒尖”现象，使先动者“赢者通吃”（winner takes all）。

2. 提高转移成本策略

法雷尔和克伦佩雷尔（Farrell & Klemperer，2002）、道格南格鲁和格兹博夫斯基（Doganoglu & Grzybowski，2004）、董长瑞和邢宏建（2009）、蒋传海（2010）等众多学者研究了网络效应下，在位企业通过提高己方客户转移到竞争对手的转移成本，阻止客户转移和使用新产品，进而阻止后进入者凭借技术优势占据市场的竞争策略。随着转移成本的提高，在位企业的客户群规模和网络效应水平得以稳固并获得更大的网络效应。

3. 提前宣告策略

法雷尔和沙龙纳（Saloner，1986）最早从理论上阐述了企业在新产品上市前，对新产品的特性和上市安排进行提前宣告，可以影响消费者预期并提前锁定客户，为未来获取更大的网络效应奠定基础。德兰诺夫和甘达尔（2003）以 DVD 和 DIVX 的竞争为例，对提前宣告策略的影响进行了实证分析。邢宏建（2008）对提前宣告策略的作用机理进行了较为深入的分析。

4. 软件多样化策略

德兰诺夫和甘达尔（2003）认为软件多样化有利于增强间接网络效应，同时认为软件开发商整体上偏爱围绕硬件客户群网络规模大的硬件产品设计和提供软件。根据这一发生机制，间接网络效应通常与硬件客户群规模成正比，因而在研究过程中，学术界通常将间接网络效应和直接网络效应不加区分地统一描述为客户群网络规模的增函数。

5. 软件和硬件互补策略

博纳迪和杜兰德（Bonardi & Durand，2003）认为提高间接网络效应可以从产品设计环节入手，提高软件的互换性和软件与硬件的互补关系，二者兼顾的产品设计使间接网络效应更强。从本质上看这一策略属于产品设计范畴，因而后续缺乏跟踪研究。

6. 兼容和标准化策略

兼容是使一个产品的客户与其他产品网络的客户取得联系并受益的竞争策略。法雷尔和沙龙纳（1986）指出，兼容和标准化是一种调整和改变网络效应的竞争策略，完全、对称和双向的兼容即为标准化。由于兼容是一种非常重要的企业竞争策略，因此在复杂网络理论及其研究方法成熟以前，在传统网络效应理论下兼容已经得到广泛研究，在传统网络效应理论注重研究企业的兼容动机，并开始研究部分兼容、非对称兼容、单向兼容以及纵向兼容等不同的兼容策略。周和夏伊（Chou & Shy，1993）首次研究了企业谋求部分兼容的动机及其市场影响。法比奥和埃内斯托（Fabio & Ernesto，2008）则考虑了两个非对称企业的兼容策略。潘小军等（2006）运用两阶段博弈模型研究了产品升级过程中企业对新旧产品的纵向兼容策略。邢宏建（2008）通过构建一个包含消费者异质偏好、异质网络效应和非对称兼容的网络竞争模型，对企业的兼容动机进行了深入分析。

但是从本质上看，兼容是一种基于网络拓扑结构改变的竞争策略，因为它改变了客户群网络节点的联系特性，使己方客户与其他产品客户群中的客户建立联系。而传统网络效应理论将网络效应描述为网络规模的增函数，实际上是假定客户群网络拓扑结构为随机网络，因此传统网络效应理论有关兼容策略的研究结论适用于随机网络。

5.1.2 简要评述

在传统网络效应理论下，有关网络效应的竞争策略主要集中于如何扩大网络规模，前五种策略即是如此。这五种策略与客户群网络拓扑关系的改变关系不大，并且已经上升到理论高度。兼容策略使己方客户与对方客户发生联系，拓展了原先各网络节点的网络空间和联系范围，改变了网络节点的联系特性，也即改变了客户群网络拓扑结构。但是传统网络效应理论将网络效应假定为网络规模的增函数，实际上将客户群网络假定为随机网络，相关研究结论多大程度上适用于复杂网络仍需进一步探索。

5.2 提前宣告策略

5.2.1 提前宣告的内涵

笔者综合前人研究观点认为，所谓提前宣告策略，是指在网络经济中参与市场竞争的企业，为使尚未投放市场产品在未来获取更多的安装基础，以增强网络效应，提前将未来产品的性能、特点、改进、发布时间等产品信息在市场上加以宣告，从而使潜在客户产生期待，进而放弃购买其他产品的竞争行为。

正如法雷尔和沙龙纳（1986）的线性动态模型指出的那样："提前宣告策略可以让新技术厂商以低成本获得竞争优势，这一策略是比价格竞争成本更低并且更有效的竞争策略。从提前宣告到新技术上市这段时间内，如果在位技术原本可以快速成长，该策略对新进入厂商而言将显得更加有效。"德兰诺夫和甘达尔（2003）对 DVD 标准和 DIVX 标准竞争的实证研究表明，DVD 标准的提前宣告行为是一个显著变量，提前宣告确实对 DVD 标准的胜出产生了正面作用。

5.2.2 网络经济中消费者购买商品的影响因素

网络经济中消费者的效用水平不仅取决于基本效用项，还取决于网络效应的大小，而网络效应与用户数量正相关，所以较大的用户数量意味着较大的网络效应和较高的效用水平。网络经济中消费者购买产品需要满足的条件仍然是保留价格高于市场价格。当潜在消费者的保留价格高于产品的价格，就会形成新的购买行为。与传统商品不同的是，网络经济中随着用户规模的成长，带来网络效应的增加，从而总效用增加，将逐渐抬高消费者的保留价格，用户才会购买产品。在现实生活中情况稍微复杂些，每一个消费者的偏好是异质的，或者说效用函数都是不一样的，保留价格也是不一样的。网络经济中消费者的保留价格受到三个因素的影响：

第一，消费者的收入水平。那些具有较高收入水平的消费者，单位货币的边际效用较低，愿意为新的体验或者尝试支付更高的保留价格。

第二，消费者的偏好。对商品的喜好程度越高，效用越大，愿意支付的保留价格越高。而效用包括基本效用和网络效应两部分。

第三，消费者的保留价格随着市场的发展而不断增加。这是因为随着用户规模的扩大，网络效应逐渐增强，消费者效用水平从而保留价格得以提升。

根据上述分析可以得到如下结论：在网络经济中，最先购买商品的人群是那些非常重视产品的基本效用，而非网络效应，收入水平较高从而保留价格相对高的用户。随着用户数量的扩大，网络效应增加，消费者愿意支付的保留价格逐渐增加，而生产的成本进而价格由于技术进步和规模经济而逐渐降低，从而促使更多的新用户加入。

以手机市场扩展为例加以说明。当初与手机通信竞争的产品主要是固定电话。手机革命性的基本效用是带给用户随时获取与别人进行通信的便利，这一基本效用极大地吸引了当时从事商务贸易而经常不在固定地点工作的客户。一些收入水平较高的企业管理层或者私营企业的老板为这种基本效用愿意支付的保留价格较高，而货币的边际效用对这些高收入人群而言相对较低，这些人的保留价格由此超过了当初昂贵的手机价格，从而这些人成为最早的手机用户，手机最早被人们称为大哥大或许反映了手机市场的这一成长轨迹。随着手机用户的扩大，网络效应不断增加，人们的收入随时间推移也不断增加，由此人们对手机的保留价格逐渐提高，而手机价格却由于技术进步和规模经济逐渐降低，手机逐步成为人们的生活必需品。

5.2.3　提前宣告获取竞争优势的原理

我们可以在现实网络经济生活中看到企业的提前宣告行为。例如英特尔公司按照研发的进程经常提前宣告新一代的桌面计算机中央处理器（central processing unit，CPU）的制程、性能、改进、兼容性、发布日期等信息；微软公司经常根据操作系统的更新和研发情况提前宣告下一代操作系统的核心信息和发布日期；华为和苹果公司按照惯例会在新手机产品发布以前提前公布新手机产品的关键特性和发布日期，类似的例子不胜枚举。网络经济中企业的这些行为就是所述的提前宣告行为。提前宣告行为可以为企业带来以下三项竞争优势：

第一，提前宣告可以提前锁定客户，使未来将要发布的产品获得更多的用户和网络效应，从而提高新用户的效用水平。当提前宣告的信息中新产品的某些特性和功能吸引了相关潜在的用户时，这些用户甚至会暂时放弃更换现有产品，选择等待未来新产品的发布。提前宣告的信息越充分，由此吸引的潜在客户就越多，这些客户基本都是对新产品的性能或者功能甚至外观具有很高评价，从而保留价格很高的客户，这样新产品发布后的不长时间内，新产品的用户规模就能得到很大提升，形成较高的网络效应，从而提高新产品对消费者的吸引力和保留价格，市场由此更容易进入良性正反馈。

第二，提前宣告可以削弱当前竞争对手的优势。当市场中存在较为强大的竞争对手时，提前宣告策略往往显得更为重要。在推出新一代产品过程中，企业会参考竞争对手的现有产品，有选择性地采用技术进步的成果。如果竞争对手的产品处于竞争优势，可以为更多消费者带来更高的保留价格，如果不进行提前宣告而任由市场自由发展，则竞争对手现有产品的竞争优势将得到充分发挥，吸引大量的消费者。一旦对手获取这些客户以后就会采用一定的方式，比如增加转移成本锁定这些客户。即使将来自已推出的产品更具有竞争优势，由于存在较高的转移成本，原来选择竞争对手产品的消费者要付出较高代价才能选择己方新产品。这无疑相当于提高了消费者购买产品的价格。正是由于这个原因，网络经济的提前宣告行为非常普遍。

第三，提前宣告可以降低用户的选择成本和转移成本。提前选择宣告可以避免那种做出选择后却在不久之后发现新产品才是最优选择从而面临需要重新选择带来的转移成本。这种转移成本有的不需要金钱，有的需要金钱，有的可以用金钱衡量，有的则难以用金钱衡量。例如手机用户从一个电信运营商转移到另外一个电信运营商，需要更改号码，更改号码本身不需要金钱，但是更改号码却给很多用户造成很大的不便，这种不便却很难用金钱准确衡量，但我们通常认为更换号码具有较高的转移成本，因为我们观察到多数人的手机号码在较长时间保持不变，尽管运营商对新客户通常采取更大的优惠力度。提前宣告策略可以大幅度避免上述转移成本。此外提前宣告可以使用户获得更为充分和透明的信息，提高用户选择的效率，降低用户的选择成本。

5.2.4　提前宣告需要考虑的因素

提前宣告并不是简单地将要生产的新一代产品介绍给消费者那么简单，而是需要对提前宣告进行仔细的权衡。权衡需要统筹考虑以下几个因素：

第一，在对手市场成长进入到 J 曲线快速增长阶段初期或者之前进行新产品的提前宣告，可以有效阻止竞争对手产品市场在关键时期的拓展，达到最佳的提前宣告效果。

第二，考虑竞争对手研发进展情况，选择自己提前宣告的新产品。新的技术催生新的产品，但是企业对新技术并非都会采用，新技术的上市是有条件的，本书第 7 章将详细论述这个问题。提前宣告需要结合竞争对手现有产品乃至其已经进行的提前宣告斟酌进行。斟酌的原则是己方提前宣告的新产品能够对竞争对手的现有产品形成绝对优势，而能够对竞争对手提前宣告的新产品不居于弱势，并尽量领先上市。

第三，提前宣告以后应尽力遵守宣告事项。其新产品的上市日期尽量提前而不要拖后，产品性能尽量超出而不要落后于宣告的产品。提前宣告是一种较为严谨的竞争策略，是一个负责和求真的过程。厂商的提前宣告，是建立在尽可能准确的评估基础之上的。这是因为：首先，消费者有明确的标准判断厂商的提前宣告策略究竟是真实可靠的信息传递，还是为了谋求竞争优势而采取的一种纯策略。如果提前宣告存在欺骗性，在有限期博弈内，欺骗或许可以带来收益，但是在无限期博弈过程中，欺骗会受到惩罚，这种惩罚不一定是金钱上的，其实单纯由于受欺骗而产生的厌恶感或者不信任感，就会长期影响和改变消费者的选择，后续会长期避免选择实施欺骗的企业所生产的产品。消费者将会在其下一轮提前宣告时，调整预期并给予惩罚。如果惩罚是加倍的，厂商的欺骗动机就会大为减弱。其次，现实中参与标准竞争的厂商通常是那些具有雄厚研发实力、存续时间很长的知名大公司，其竞争行为往往并不限于某一时期的某种技术。有影响力的技术进步通常产生于在各自领域内声名卓著的大公司，因此消费者总有机会对其进行惩罚。这种惩罚可以体现为厂商名誉的损失，也可以体现为消费者根据以前的宣告误差，调整其对厂商下一次提前宣告的预期。

5.3 先动策略

5.3.1 先动策略的内涵

先动策略是指厂商在产品已经成熟的情况下，企业先于竞争对手进入市场，争取获得比潜在竞争对手更多的安装基础并增加竞争对手进入市场难度，从而获得竞争优势的竞争行为。亚瑟（1989）提出网络规模是影响网络效应的重要因素，通过先动策略抢先占领市场从而形成较大的安装基础并产生较大的网络效应，在一定程度可以阻止技术更为先进的后进入者进入市场，甚至可能产生“冒尖”现象，使先动者“赢者通吃”。

这里讲的实施先动策略获取优势的主体是企业而非消费者或者经济社会。网络经济中的企业通过率先上市可以获得竞争优势，这与法雷尔和沙龙纳（1985）所论述的先动与后动不同。法雷尔和沙龙纳所讲的先动和后动是消费者进行选择的先后顺序。他们研究发现，对消费者而言，在网络经济中率先购买新产品并不总是有利的，对社会而言也并不总是最优的。对消费者个人而言，如果信息的是完全的，则先动的消费者有优势；如果信息是不完全的，先动者并不清楚后来者是否跟随，并且后来者可以得到更多的信息，因而后动有优势。对社会而言，如果信息是完全的，消费者的选择对社会而言也是最优的，即不存在过度保守（比社会最优要求偏少）和过度动量（比社会最优要求偏多）。如果信息是不完全的，则对社会而言情况就比较复杂。假定消费者之间的偏好是异质的，并且全部消费者转换到新技术从总体上看是有利的，如果最偏爱新技术的消费者不选择新技术，就不会有跟随者，此时存在非对称的过度保守问题。假定消费者的偏好一致，并且对新技术的喜爱有限，没有人愿意第一个采用，此时存在对称的过度保守问题。私下的信息沟通虽然可以消除对称的过度保守，但却加重了非对称的过度保守问题。在某些复杂条件下，消费者可能存在对新技术的过度采用，即产生过度动量。

5.3.2　先动获取竞争优势的原理

在传统经济中先动企业的优势往往是有限的。率先进入市场的企业通过率先获得用户、感知市场、改进产品，但是由于不存在网络效应，率先获取的用户不能为后来用户产生正的外部性影响。此时有性能更为先进或是质量更为精良的新产品出现，有可能后来居上获取更大的市场份额。后进入者反而可能有一定的优势，比如通过观察先进入市场产品的缺陷做出有针对性的改动，从先进入产品的市场反应总结经验教训，可以模仿和仿效先进入产品的成功经验等。因此在传统经济模式下，后进入者只要技术水平有所保障，后发并不一定居于劣势。

但是在网络经济中，先动对企业而言显得尤为重要，先动可以获得竞争优势。这种优势的来源在于，先动企业现行获得的安装基础将为后续消费者产生正外部性——网络效应。后进入的企业要在市场立足首先面对的是在位厂商的安装基础提供给消费者的网络效应。只有当后进入者为消费者提供的基本效用大于在位厂商所能提供的，才有可能立足于市场获取客户。卡茨和夏皮罗（1992）的动态模型显示，如果新进入厂商所提供的基本效用优势，在扣除在位技术的现有网络效应后的折现值仍大于在位技术未来网络成长所带来的网络效应的折现值，则新技术将垄断市场。否则，新旧技术都有可能垄断市场。法雷尔和沙龙纳（1986）在线性网络效应假定下，运用动态模型说明了同样的问题。

邢宏建（2008）的分析也认为，先后进入的网络标准之间的竞争将呈现出与以上不同的特点。两种技术标准先后在 t_1 和 t_2 进入市场进行竞争，意味着早先进入的标准已经获得了一定的安装基础，并且进入越早，安装基础可能越大。后进入的厂商要进入市场，必须面对先进入的厂商业已存在的安装基础，因而通常需要向消费者提供更为出色的基本效用，才有可能克服网络规模上的弱势。在消费者顺序进入市场进行选择的情况下，新技术进入前的消费者只有在位技术可以选择，新技术进入市场后，进入市场的消费者将在新技术和在位技术之间进行选择。先后进入的技术标准竞争意味着在位技术依靠其安装基础经常可以将新技术“锁出”市场，并将消费者“锁定”于在位技术。这种“锁定”

和“锁出”的具体条件是：首先，面对在位技术的安装基础所提供的网络效应，如果新技术所能提供的基本效用部分领先不大，很容易被在位技术提供的网络效应所弥补和抵消，使其对消费者失去吸引力，从而被“锁出”市场。其次，如果没有新消费者进入，购买新技术的人来自原有消费在位技术的消费者，即来自消费者的转变，则更容易呈现锁定效应。这是因为消费者从一种技术转向另一种技术，其先前的购买付出可能无法收回而成为沉没成本。这进一步加深了新技术的进入壁垒。

5.3.3 先动优势发挥作用的条件

先动优势发挥作用并不是无限的。在以下三种情况下先动的优势是有限的。

第一，用户转移成本较低甚至为零的情况下，先动的优势可能会在很大程度上抵消。所谓转移成本是指消费者更换产品发生的成本。可以从较为极端的情况开始进行逻辑推理说明这一结论。如果转换产品不需要付出相应的成本，消费者在任何时刻都会选择带给自己效用最大的那个选项，新产品的效用水平较高消费者就会放弃旧产品；如果转换产品需要付出非常高昂以至于不可承受的成本，则消费者会被原来选择的产品锁定，即使新产品可以带来更高的效用水平。因此转移成本越高，先动获得的优势越大，因为越多的消费者可能被高昂的转移成本锁定而无法更换产品。反之，相对较低的转移成本将有利于新产品的推广。

第二，先动获得的安装基础所产生的网络效应是在位厂商对进入厂商最大的优势。但是如果进入厂商的新产品足以克服在位厂商的安装基础所产生的网络效应，也完全可能在后续竞争过程中实现市场的拓展乃至获得竞争优势。

第三，产品差异化将极大削弱在位厂商的先动优势。在位厂商的安装基础无论如何强大，也不能阻止消费者出于基本效用的巨大差异而选择差异化的新产品。例如，无线通信就是从无到有、从小到大，逐渐发展起来的，尽管固定有线通信先前具有巨大的用户基础，网络效应仍不可小觑。

5.4　转移成本与锁定策略

5.4.1　锁定策略的内涵

所谓锁定策略，是企业利用一定的方式和手段阻碍自己的现有用户放弃产品或者转移购买其他产品的竞争行为。从广义层面看，一定意义上讲锁定策略利用的是己方产品的竞争优势。而所有能获得竞争优势的竞争行为都可以看作是一种将消费者锁定于既定产品的锁定策略。这些促使企业获得竞争优势的竞争行为，有一些以提高产品带给消费者的效用水平为核心，还有一些竞争行为则是反其道而行之，以阻碍消费者进行新选择以提高效用水平为目的。从狭义层面看后一种竞争行为属于本节将要论述的，因为前一种竞争行为就是本书所要阐述的主题，或者说本书一直在阐述的内容。

也就是说本节探讨的锁定策略是狭义的，是企业破坏消费者进行新的选择以改善效用水平，抬高消费者改变选择所付出的代价——转移成本，强行将消费者固定于己方产品的竞争行为。

5.4.2　锁定策略与转移成本的关系

正如本章第一节中阐述的那样，转移成本作为阻碍消费者重新选择，从一种产品转移到另外一种产品而发生的成本，有时不单指金钱成本，有的需要金钱，有的可以用金钱衡量，有的则难以用金钱衡量。转移成本越大，消费者改变选择付出的代价就越高，就越发难以实现从一种产品迁移到另外一种产品，从而锁定效应就越明显。

但是转移成本与锁定效应这种相关关系是有条件的，那就是信息是非完全的，消费者的预期是有限理性的。这是因为如果信息是充分的，消费者具有理性预期，则转移成本的存在并不会影响消费者的选择。进一步的解释如下：消费者的选择本身就是在完全信息的条件下做出的理性决策，消费者将能正确评估和统筹考虑当前竞争产品带给自己的效用水平，未来的产品将会带给自己的效用水平，从而在当前购买和未来购买、这种购买和那种购买之间做出准确的判断，消费者不会感到后悔从而从这种产品转移到另外一种产品，因此转移成本的存在并不会影响消费者的选择行为。邢宏建（2008）对此进行了较为深入的分析。

如果消费者可以用非常低的价格甚至不用支付价格就能享受多种相互竞争的产品的服务，那么就不存在转移成本和锁定的问题了。因为消费者如果需要可以同时使用多种产品。例如，现在使用外卖平台本身并不需要消费者支付费用，因此消费者可以在手机上下载安装多种外卖软件。再例如，用户既可以使用微信钱包，也可以使用支付宝进行无现金化交易。在这种情况下，商品之间的竞争往往并不体现为竞争对手之间相互暗自提高转移成本，而是对用户的使用行为进行某种激励，或者根据逻辑的对称性，可以将其称为转移优惠。

5.4.3 转移成本的特点与分类

1. 转移成本的相对特性

转移成本与产品价格是相对的。对于那些花费比较多的产品而言，较高的转移成本也可能相对较低；而对于那些花费比较少的产品而言，较低的转移成本也可能相对较高。例如多数人长期维持电信运营商和手机号码不变，是因为手机资费在收入中所占比重很低，变化电信运营商和手机号码的转移成本通常并不直接以金钱的形式呈现，而体现为带给人们不便和间接金钱损失。这种损失可能从绝对数量上看也许并不是很大，但很容易超过资费优惠，因此多数人若干年都不改变自己的手机号码。再例如，更换住房的转移成本从绝对数上看比较大，但是相对于房价而言这种转移成本又显得很小。

人们对转移成本的评价也是相对和因人而异的。一些人可能对转换产品带来的转移成本评价高，而另外一些人面对同样的转换则认为转移成本低。仍然以更换手机号码为例进行说明，很多人摒弃了其他电信运营商更为优惠的条件，在较长的时间内不更换电话号码，主要是认为这种非金钱形式的转移成本相对较高，特别厌恶别人失去自己的联系方式带来的不便和间接经济损失，超过了转移带来的资费优惠。现实中也有不少人经常更换电信运营商和手机号码，说明对这些人而言这种转移成本相对转移优惠而言或许并不高。

2. 转移成本的分类

在位厂商通过提高和制造转移成本获取竞争优势的方式和手段有多种，要探寻这些方式和手段就需要对转移成本进行分类和分析。转移成本并不只是由于转换购买其他产品所产生的金钱损失，具体而言包括以下几个方面：

转移的直接货币损失：多数情况下转移会带来货币损失，这些损失包括原来的产品需要折价处理带来的损失；已经购买的消耗品的折损；由于不再使用而损坏甚至遗失发生的经济损失等。

转移的间接货币损失：这种货币损失是由产品转换间接产生的货币损失。比如手机用户更换手机号码以后，经商者以前的客户或许并未收到或者并未保存其新号码，由此失去联系而导致新的交易无法达成，由此造成经济损失。

学习带来的时间损失：新产品的功能需要重新学习而花费的时间和精力，这些额外耗费的时间和精力也可以看作是转移成本的一部分。例如一些工作软件的变更会使人们花费大量的时间去学习和熟悉那些新的功能。

改变习惯的代价：有时候转移使用新产品以后需要改变使用习惯，而习惯的改变需要付出大量的精力，也可以看作是转移成本的一部分。历史上柯蒂（QWERTY）键盘成为市场主流时，使原本不使用 QWERTY 布局键盘的打字者付出了大量的时间锻炼和改变自己打字的习惯。

5.4.4 利用转移成本锁定用户的方式

1. 根据转移成本的分类实施锁定

根据转移成本的分类，可以将转移成本分成上述类型，厂商可以通过增加自己可以施加影响的转移成本，阻止客户改变选择。但是我们可以发现根据转移成本的分类，很多转移成本并非在位厂商所能改变。比如用户转移后学习带来的时间损失，或是改变习惯所需要付出的代价，都是新产品的特性决定的，而非用户使用原产品的在位厂商所能改变。这些转移成本对在位厂商而言都是外生的，是较难改变和影响的因素和变量。因此根据上述转移成本的分类，在位厂商分门别类地对转移成本施加影响在现实中似乎并不具有可行性。但是这种分类方式对企图降低转移成本，实现消费者迁移的新产品厂商而言就具有很高的实用价值，因为对这些厂商而言，多数转移成本都是可以施加影响的内生因素。在产品设计、市场开拓和产品服务过程中降低用户的学习难度，帮助用户改变习惯和避免间接损失，都是新进入厂商需要思考的重要问题。

2. 通过信息传递进行锁定

要想提高转移成本带来的锁定效应，一种方式是降低消费者可能获取的其他产品的有利信息，形成对本产品的有利信息，利用不完全信息使消费者产生错觉，形成对现有用户的锁定，从而降低消费者迁移的动力。例如我们经常在一些热门论坛上看到各种产品的横向测评，这种横向测评在网络经济时代具有很强的传播能力，可以影响消费者预期，向消费者传递某种特定信息，极大地影响消费者，尤其是较为理性消费者的判断，因为只有较为理性的消费者在做出选择时才会花费大量时间搜寻相关信息，对相关产品加以比较。

3. 通过局部优惠提高用户的转移成本

祖迟尼（Zucchini，2013）研究了德国移动运营商的“子网络构建”策略。运营商允许客户自行组建小网络，在小网络内对话费实行折扣价，而客户对小网络以外的通话则不实行折扣价。在这种情况下用户转移到新的电信运营商，将放弃先前这种在小圈子内部所能享受到的巨大优惠。这种竞争行为在国内也非常常见，比如笔者所在的大学校园建立了一个局部无线通信网络，内部人员相互之间的通信是免费的。而且用户可以将自己的亲戚或朋友也拉入这一局域网享受优惠。因此学校很多教职工都难以割舍这种优惠选购其他运营商的无线通信服务。这种竞争行为的一个本质属性是对现有消费者提供局部优惠，以增加其转移成本从而锁定现有用户的竞争行为。当然这种竞争行为还有其他属性，本书将在后续章节介绍。

5.5　间接网络效应下的竞争策略

上述相关策略分析既适用于直接网络效应下又适用于间接网络效应下企业的竞争行为，因为从本质上看二者都是消费者之间相互影响的正外部性。但是我们又要看到直接网络效应和间接网络效应的不同，那就是间接网络效应的发生机理与直接网络效应存在不同。根据第 2 章对间接网络效应发生机理的阐释，需要单独分析间接网络效应下特有的竞争策略。

根据第 2 章对间接网络效应发生机理的深入分析，间接网络效应的发生可以用图 5 - 1 进行凝练，其中影响间接网络效应的最为重要的因素包括硬件生产的规模经济、硬件功能的改建、硬件与软件的互补性、软件的丰富性和软件的互换性五个方面。图 5 - 1 是图 2 - 4 网络效应的发生机理原理分析图的部分节选。

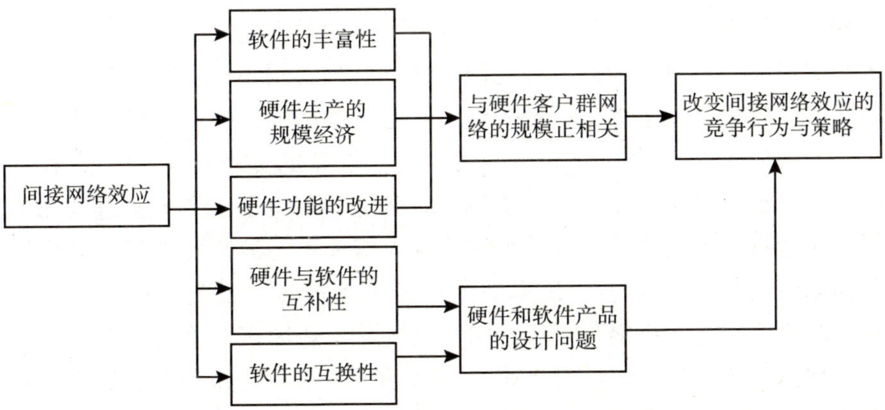

图 5 - 1　网络效应发生机理示意

5.5.1　硬件生产的规模经济

在这五个影响间接网络效应的因素中，硬件生产的规模经济是企业较难控制的因素。规模经济是指随着生产规模的扩张，长期平均成本不断下降的经济现象。如果平均成本不断上升，则称为规模不经济。因此要想通过硬件生产的规模经济加大间接网络效应，以谋求竞争优势，有两条探索路径。

第一条路径：由于规模经济是伴随生产扩张而发生的一种成本降低，那么生产扩张就是成本降低的前提和基础，而硬件生产的扩张意味着如果按需定产的话，企业的市场销量不断增加。这实际上正是所有企业追求的目标。网络经济中的企业的竞争行为的一个目标是企业的市场销量不断扩张，因为伴随产品用户的增加将产生网络效应使所有用户获得更大效用。因此网络经济中企业的竞争行为和竞争策略所形成的竞争优势，为间接网络效应下硬件生产厂商获得规模经济奠定了基础，因此本书所探讨的所有主题都是产生规模经济的钥匙。

第二条路径：伴随着生产规模的扩张，企业的平均成本在初始阶段会不断下降并显示出规模经济的特性，但是超过一定范围在较高的产量水平上又可能产生规模不经济。因此应该分析由规模经济转为规模不经济的影响因素，尽量延长规模经济的发生范围，推迟规模不经济的到来，而这就需要进一步分析造成规模经济和规模不经济的原因。经济学家给出了较为详细的答案，较为普遍的观点认为，造成规模经济的原因主要是，随着生产规模的扩张，在初期可以通过人的分工实现劳动生产效率的提高，还可以使用专业化的设备，管理费用还可以相对节省，达到产出扩张超过成本增加的规模经济状态。然而随着生产规模的不断扩张，人的分工带来的好处并不是无限的，设备的专业化达到一定程度后，设备投资翻倍产量反而不能翻倍，管理费用由于生产规模过大而不再相对节省，这些因素走向反面则意味着规模不经济。此外产生规模经济的原因还有“干中学”积累的经验和技术进步。因此要想尽量延长企业的规模经济，延缓规模不经济，就要从上述因素入手展开分析。

根据上述分析，人的分工带来的劳动生产率的提高、设备的专业化带来的效率提高以及管理费用的相对节省所带来的好处，随着生产的扩张越来越难以维持是一个普遍的规律，从管理学上可以进行更为细致的研究以尽量延长和维持这些因素。“干中学”和技术创新则与上述三个因素不尽相同，这两个因素自始至终是产生规模经济的不竭源泉。因此要提升和延长硬件厂商的规模经济，归根到底要从“干中学”和技术创新两个方面着手。着力培养员工在工作中的学习精神、学习能力、总结凝练能力和改进能力，不断吸收合理化建议使生产更为顺畅。同时应当加大研发投入，通过技术创新不断降低企业的生产成本。

5.5.2　硬件功能的改进

在硬件/软件范式下的间接网络效应中，硬件即提供服务的核心产品，软件即提供服务的配套产品。例如将计算机作为硬件，那么操作系统即为软件；将操作系统作为硬件，则为操作系统配套的传统意义上的软件即是范式当中的软件。如果将 CD 播放机作为硬件，则 CD 产品则为软件；如果将淘宝购物平台作为硬件，则在参与淘宝交易的所有商家和所有消费者则为软件。这种硬件/软件范式所产生的间接网络效应为涉及其中的企业带来了更多利润。

硬件作为提供服务的核心产品，其性能的改进可以从本质上提升用户使用商品的体验。我们以桌面计算机操作系统/配套软件为例加以说明，操作系统作为用户登录的窗口和使用配套软件的平台，其功能的改进对提升消费者的体验最为关键，微软从 Windows 95 开始不断改进操作系统这一核心产品，先后推出了 Windows 98，Windows 2000，Windows XP，Windows 2003，Windows 7，Windows 8，Window 10 等 8 代操作系统，桌面计算机操作系统的体验越来越便捷和人性化，界面也更友好，从而为微软带来巨量的客户，基本垄断了桌面计算机操作系统市场，其核心竞争力来自微软强大的操作系统功能改进能力。

5.5.3　软件的丰富性

软件的丰富性是消费者选购“软件/硬件”平台的重要依据。围绕核心产品的配套和辅助产品不够丰富不会带给消费者好的体验。尤其是当存在若干“硬件/软件”平台进行竞争时，配套产品的匮乏，或者说软件的匮乏将极大限制消费者使用平台获得的满足感，从而削弱核心产品的竞争力。

如何做到配套产品、辅助产品或者说软件的丰富性是一项具有挑战性的工作。因为软件产品的开发不但可以由硬件厂商自己进行，还可以进行外包，甚至开放核心产品的接入方式，允许其他配套厂商自主开发配套软件，采取何种方式需要根据市场地位斟酌。

当平台处于弱势时，将平台开放允许配套厂商自主开发配套软件是较为明智的做法，甚至可以扭转市场的弱势地位。例如，当今主流的手机操作系统主要是苹果公司的操作系统和谷歌公司的安卓（Android）操作系统。苹果公司手机操作系统开发较早，性能强劲，构成了苹果手机的核心竞争力的一部分。但是该系统并不授权给其他手机厂商使用，而且很长一段时期内该系统配套软件的开发也由苹果公司自己进行或者外包。其他手机厂商需要一款至少能够初步抗衡苹果的新操作系统。由谷歌公司和开放手机联盟领导及开发的安卓操作系统是一种基于 Linux 的自由及开放源代码的操作系统，主要使用于移动设备，如智能手机和平板电脑。由于源代码是开放的，非常方便第三方软件厂商进行配套软件的开发工作，因此基于安卓操作系统的各种 App 软件如雨后春笋般涌现出来，极大程度上克服了核心操作系统上相对于苹果操作系统的不足，目前已经发展成为手机的主流操作系统。而苹果手机面对谷歌联盟的强大竞争，也开始逐步放开一些配套软件的开发工作。但是在桌面计算机操作系统领域，苹果公司则非常不幸。早期桌面计算机操作系统微软大幅度领先苹果公司的时候，苹果公司没有开放其操作系统的源代码，导致配套软件的开发工作受到苹果公司很大的制约，由于配套软件的缺乏，强大的微软操作系统下的各类文件，在苹果计算机上兼容性很差。苹果计算机和操作系统逐渐成为印刷、设计、图片处理等领域的专用计算机和专用操作系统，至今其市场占有率相对于微软已基本可以忽略不计。

当平台处于强势的时候，仍然需要积极吸引第三方企业进行软件的配套和协同，避免封闭硬件接入通道，单独开发配套软件。这是因为在所有的投资当中，除了人力资本投资的效率是递增的，其他实物投资的效率都是递减的，软件产品的研发投入也不例外。由一家公司开发多个软件的效率是逐渐递减的，因此如果硬件厂商自行开发配套软件，将极大降低软件开发的投入效率。苹果公司手机操作系统的配套软件开发能够更早实行更为开放的政策，或许可以取得比现在更好的竞争地位。

5.5.4 硬件与软件的互补性和软件的互换性

博纳迪和杜兰德（2003）提出通过增强硬件和软件之间的互补关

系以及软件的互换性以增强间接网络效应和市场竞争力。这一观点符合间接网络效应的发生机理，但是两位学者并未详细分析如何增强硬件和软件之间的这种互补关系。

只有明确硬件和软件之间的互补关系及其影响因素，才能提出基于竞争行为的竞争策略。硬件与软件之间的互补关系是指二者相互支持、互为加强的共生关系，硬件为软件的设计提供了接入和发挥功能的平台和基础，同时软件为硬件提供了用户所需要的具体功能，二者协同产生客户的使用价值。二者之间互补关系的加强是指硬件能够为软件提供更为广阔和方便的接入空间，软件协同硬件为客户提供更为多样化的服务并使客户实现更高的效用水平。现实生活中硬件厂商可以自己开发或外包软件的开发，也可以开放接口由软件厂商自主决定开发软件的功能。不管采用何种软件开发的方式，要增强二者之间的互补关系，其核心和关键是二者协同可以更好地服务客户。那些为软件接入设置数量限制的做法都是不明智的，只有适应消费者需求及其变化的软件接入政策才能使软件开发及时响应消费端；只有软件开发者具有合理的盈利空间，才有接入和配套硬件的积极性。

所谓软件的互换性，是指软件在不同空间硬件之间传播和使用的方便性，这样可以方便消费者在不同空间硬件上实现相应功能。比如 CD 唱机和 CD 唱片组成的硬件/软件范式中，CD 产品以其便携性可以在不同 CD 播放机上实现传播和播放，满足消费者聆听的需要，这远远超过了黑胶唱片 LP 的方便性。再比如，在 Windows 操作系统和各类功能软件组成的硬件/软件范式中，较为常见的办公和娱乐软件被广泛安装，消费者可以非常方便地在不同计算机上实现类似的办公和娱乐功能，而苹果操作系统只被极少数计算机安装，而且很多软件并不完全兼容，在微软系统上完成的工作，在苹果计算机上并不能完美兼容，这极大限制了苹果计算机的竞争能力。

第6章 企业的兼容策略

第5章基于传统网络效应理论探讨了网络经济中企业若干典型竞争行为与策略。这些竞争行为与策略以扩大用户基础、增强网络效应为核心。网络经济中还存在一些较为复杂的竞争行为，但仍可以在传统网络效应理论下进行有效探讨。本章将着重阐述网络经济中较为复杂的竞争行为——兼容行为。这种竞争行为需要借助经济学模型加以深入分析，因此显得较为抽象。为了增强结论的易读性，本章辅以较为丰富的案例分析以使理论贴近现实。本章模型的建立和推演过程较为抽象，理论推演的目的除了使结论显得更为稳健以外，更重要的是提供一套基于传统网络效应理论进行理论分析的完整逻辑范式，拨开复杂理论模型背后的思维逻辑和方法论，并使之具体化，为后续理论研究提供思维支持。因此在整个模型构建之前，本章用大量篇幅交代了研究网络经济构建模型需要考虑的关键问题，比如消费者偏好的约定、消费者预期的约定等，让这些一般论文文献隐藏起来的思考过程展示出来，使得本章内容可以更为全面地反映传统网络效应理论研究的一般思维逻辑。

6.1 对消费者异质性偏好和预期的约定

我们在第3章中探讨了传统网络效应理论的方法论，由于网络经济的市场结构更为贴近寡头垄断的市场结构，因此传统网络效应理论经常通过构建寡头竞争模型研究企业的竞争行为。而寡头竞争模型需要纳入消费者的效用最大化行为和生产者的利润最大化行为，这就需要从约定消费者的偏好入手展开研究。由于消费者获得的网络效应与用户数量正相关，也就是说未来用户数量将影响消费者做出选择时的预期效用水平，这就需要对消费者的预期进行单独说明，但是多数研究并不详细交代网络经济中消费者偏好的分类，也不涉及消费者预期的约定，因此本书用较为充分的篇幅来加以阐释。

6.1.1　网络经济中消费者偏好的分类

1. 分类的依据

网络消费者在对同时进入市场的两种网络技术进行选择时，不同的偏好设定对其选择具有重要影响。通常在构建模型之前，需要对网络消费者的偏好做出具体假定。我们可以从“每个消费者对某种网络技术的偏好”是否相同，以及“每个消费者对不同网络技术的偏好”是否相同两个方面，对网络消费者的偏好进行分类。表6－1对消费者偏好进行了更为细致的分类。

表6－1　　网络消费者的偏好分类

<table>
<tr><th>比较类型</th><th>技术种类</th><th>基本效用 r 呈现的偏好</th><th>网络效应 v 呈现的偏好</th><th>单个技术的偏好分类</th><th>整体结合单个技术的偏好分类</th></tr>
<tr><td rowspan="4">类型一</td><td>技术A</td><td>基本效用偏好同质：为$>_{A1}$</td><td>网络效应偏好同质：为$>_{A2}$</td><td rowspan="4">单个技术完全同质偏好</td><td>若$>_{Ai}=>_{Bi}$，i＝1，2；则为整体和单个技术完全同质偏好</td></tr>
<tr><td rowspan="3">技术B</td><td rowspan="3">基本效用偏好同质：为$>_{B1}$</td><td rowspan="3">网络效应偏好同质：为$>_{B2}$</td><td>若仅当i＝1时，$>_{Ai}=>_{Bi}$；则为整体网络效应异质、单个技术完全同质偏好</td></tr>
<tr><td>若仅当i＝2时，$>_{Ai}=>_{Bi}$；则为整体基本效用异质、单个技术完全同质偏好</td></tr>
<tr><td>若两个等式都不成立；则为整体异质、单个技术完全同质偏好</td></tr>
</table>

续表

比较类型	技术种类	基本效用 r 呈现的偏好	网络效应 v 呈现的偏好	单个技术的偏好分类	整体结合单个技术的偏好分类
类型二	技术A	基本效用偏好异质：为$>^{1}_{A1}$；$>^{2}_{A1}$	网络效应偏好同质：为$>_{A2}$	单个技术基本效用异质偏好	若$>^{k}_{A1}=>^{k}_{B1}$，k=1，2，…；且$>_{A2}=>_{B2}$；则为整体同质、单个技术基本效用异质偏好
	技术B	基本效用偏好异质：为$>^{1}_{B1}$；$>^{2}_{B1}$…	网络效应偏好同质：为$>_{B2}$		若仅$>^{k}_{A1}=>^{k}_{B1}$，k=1，2，…；则为整体网络效应异质、单个技术基本效用异质偏好
					若仅$>_{A2}=>_{B2}$；则为整体和单个技术基本效用异质偏好
					若两个等式都不成立；则为整体完全异质、单个技术基本效应异质偏好
类型三	技术A	基本效用偏好同质：为$>_{A1}$	网络效应偏好异质：为$>^{1}_{A2}$；$>^{2}_{A2}$…	单个技术网络效应异质偏好	若$>^{k}_{A2}=>^{k}_{B2}$，k=1，2，…；且$>_{A2}=>_{B2}$；则为整体同质、单个技术网络效应异质偏好
	技术B	基本效用偏好同质：为$>_{B1}$	网络效应偏好异质：为$>^{1}_{B2}$；$>^{2}_{B2}$…		若仅$>_{A2}=>_{B2}$；则为整体网络效应异质、单个技术网络效应异质偏好
					若仅$>^{k}_{A2}=>^{k}_{B2}$，k=1，2，…；则为整体基本效用异质、单个技术网络效应异质偏好
					若两个等式都不成立；则为整体完全异质、单个技术网络效应异质偏好

续表

比较类型	技术种类	基本效用 r 呈现的偏好	网络效应 v 呈现的偏好	单个技术的偏好分类	整体结合单个技术的偏好分类
类型四	技术A	基本效用偏好异质：为 $>^1_{A1}$；$>^2_{A1}$…	网络效应偏好异质：为 $>^1_{A2}$；$>^2_{A2}$…	单个技术完全异质偏好	若 $>^k_{Ai} = >^k_{Bi}$，i = 1，2；k = 1，2，…；则为整体同质、单个技术完全异质偏好
					若仅 $>^k_{A1} = >^k_{B1}$，k = 1，2，…；则为整体网络效应异质、单个技术完全异质偏好
	技术B	基本效用偏好异质：为 $>^1_{B1}$；$>^2_{B1}$…	网络效应偏好异质：为 $>^1_{B2}$；$>^2_{B2}$…		若仅 $>^k_{A2} = >^k_{B2}$，k = 1，2，…；则为整体基本效用异质、单个技术完全异质偏好
					若两个等式都不成立，则为整体和单个技术完全异质偏好

通常假定网络消费者的效用由基本效用项 r 和网络效应项 v(x) 组成。从“每个消费者对某种网络技术的偏好”是否相同的角度看，如果每个消费者对某种技术的基本效用部分偏好一致，同时对网络效应部分偏好也一致，则称为“单个技术同质偏好”；反之如果有一项偏好表现不一致，则称作“单个技术异质偏好”。从“每个消费者对不同网络技术的偏好”是否相同的角度看，如果每个消费者对不同技术的偏好一致，则称为“整体同质偏好”；如果有消费者对不同技术的偏好不一致，则称为“整体异质偏好”。

2. 消费者的偏好

通常可以根据不同的研究对象，对消费者偏好进行不同的设定，不同的偏好设定往往会导致不同的竞争结果。如果认为在网络标准竞争过程中，消费者对竞争技术的偏好没有本质差别，只是不同消费者对某种技术的基本效用或者网络效应具有不同的偏好，通常可以像卡茨和夏皮罗（1985）那样，将消费者的偏好简化处理，设定为整体同质、单个技术基本效用异质偏好。消费者的效用函数被设定为：

$U(x)_i = r + v(x) - p_i$，i = 1，2 两种技术，其中 r 服从 $(-\infty, a)$ 上的均匀分布。

他们的研究结论显示，当网络厂商进行“古诺”竞争时，如果消费者是完全理性的，则标准竞争的结果是一种多均衡状态，两种技术都有可能垄断市场，两种技术也可能共存于市场之中。

如果只是为了突出两种网络技术的不同，通常简化的设定方法是将消费者偏好设定为整体异质、单个完全同质偏好，比如法雷尔和沙龙纳（1986）的将消费者效用分别设定为：

$$u(x)=a+bx;\ v(x)=c+dx$$

这种假设一方面强调了两种网络技术的不同，另一方面使研究得以简化。对消费者效用的这种设定方法只是忽略了不同消费者对某种网络技术可能存在的不同偏好，但却使动态模型的求解变得相对简洁。他们的研究显示，在位技术 u 和新进入技术 v 之间的竞争也存在多均衡问题，但不同于卡茨和夏皮罗（1985）的研究，他们求解得到均衡存在的具体条件。

如果着重强调不同的消费者对不同的网络技术展现出完全不同的偏好，并探讨这种不同偏好对网络标准竞争的影响，可以像亚瑟（1989）那样，将网络设定为整体基本效用异质、单个技术完全异质偏好，见表 6－2。

表 6－2　　亚瑟（1989）对网络消费者偏好的设定

消费者类型	技术 A	技术 B
R 类消费者	$U(n_A)=a_R+rn_a$	$U(n_B)=b_R+rn_B$
S 类消费者	$U(n_A)=a_s+sn_a$	$U(n_B)=b_s+sn_B$

在此基础上，亚瑟应用计算机模拟的方法指出，消费者在适应性预期和以上偏好假定的条件下对网络技术的选择行为将受到历史偶然因素的影响。历史上影响不同类型消费者选择顺序的偶然事件，对标准竞争的结果具有决定性影响。在“反射边界以外”，技术竞争呈现“冒尖”现象，也就是市场趋向于标准垄断。而在“反射边界以内”，标准将共存于市场。事实上，如此复杂的偏好设定，很难在新古典经济学框架内利用求取均衡的方法得到一般结论，借助计算机仿真模拟是实用和方便的研究手段。

6.1.2　网络经济中消费者偏好的影响

消费者对网络技术的异质偏好有利于新网络技术的进入和扩散。根据大卫和尼尔（David & Neil，2003）的研究，在DVD标准和DIVX标准竞争过程中，尽管DIVX先进入市场，但是技术追捧者更偏好DVD标准，这是DVD标准最后胜出的一个有利因素。新技术采用者更多的是技术追逐或着迷族群（fans），在互联网十分发达的今天，活跃于各类技术论坛上的技术狂热者对新技术的追求，可以直接开启新型网络技术进入市场的大门。对技术狂热者来说，即使没有网络规模作为支撑，他们仍然可以获得足够的基本效用以克服购买支出，从而最早进入市场；技术狂热者的先行进入使不怎么狂热的消费者在进入市场时即可获取一定的网络效应，从而推动了新技术的扩散进程。假定消费者对某种技术基本效用呈现异质偏好，通常的做法是设定基本效用r服从某种特定的分布。

异质性偏好可能使消费者在标准选择过程中呈现“羊群效应”（bandwagon effect），并可能存在非对称的过度保守（excess inertia）和过度动量（excess momentum）问题。法雷尔和沙龙纳（1985）认为：一方面，在完全信息和只有一次选择机会的前提下，消费者总是尽快做出选择，先动具有优势，因而不存在所谓的“羊群效应”。此时消费者的选择和社会的最优选择是一致的，即不存在过度保守和过度动量。另一方面，如果信息是不完全的，先动者并不清楚后来者是否跟随，并且后来者可以得到更多的信息，因而后动有优势。新技术狂热者率先做出选择，对新技术持中等偏好的消费者根据先行者的选择和自己的偏好做出选择，依次类推，从而使选择呈现“羊群效应”。假定消费者之间的偏好是异质的，并且全部消费者转换到新技术从总体上看是有利的，如果最偏爱新技术的消费者不选择新技术，就不会有跟随者，此时存在非对称的过度保守问题。假定消费者的偏好一致，并且对新技术的喜爱有限，没有人愿意第一个采用，此时存在对称的过度保守问题。私下的信息沟通虽然可以消除对称的过度保守，但却加重了非对称的过度保守问题。在某些复杂条件下，消费者可能存在对新技术的过度采用，即产生过度动量。

技术狂热者在最先购买新技术的同时将产生两种负外部性。法雷尔和沙龙纳（1986）以及克莱门茨（2004）都认为技术追逐者将产生两种负外部性。一种是对在位技术使用者的负外部性，技术追逐者放弃采用原有技术，并影响后来消费者购买新技术，使在位技术的市场停止增长甚至发生萎缩，从而使原有技术的配套产品的供应变得困难，给原有技术使用者带来负外部性。另一种是新技术狂热者自身所承受的负外部性。因为技术狂热者选择新技术时，网络规模小，因而得到的网络效应很小，但后来的消费者在选择新技术时并不给他补偿，弥补其较早采用的损失。表面看似乎新技术追逐者的行为"损人不利己"，但他们的选择却是理性的，这源于他们区别于一般消费者对新技术呈现的强烈偏好，这再次说明异质性偏好假定通常更有利于新型网络技术的扩散。

6.1.3 网络经济中消费者的预期

网络效应的大小取决于用户组成的网络规模，消费者依据对竞争网络规模的预期做出当前的消费选择，现实生活中消费者所能获得的信息和所能达到的认知水平通常使其难以达成理性预期。以下将从网络规模和网络成长过程两个方面，阐述网络消费者的有限理性。

1. 消费者对网络规模认识的有限理性

消费者的效用。根据网络经济的研究传统和惯例，通常将网络消费者的效用设定为两个部分：一部分称为基本效用部分，表示消费者即使单独购买网络产品而不与其他消费者产生联系，也可以获得的效用；另一部分称为网络效应部分，表示消费者的效用随网络规模增加而增加的部分。网络 i 中消费者 k 的效用函数可以表述为[①]：

$$U_{ki}(x) = r_{ki} + v_{ki}(x_i) - p_i \quad i = A,\ B,\ C,\ \cdots \tag{6-1}$$

其中 r_{ki} 代表网络产品 i 带给网络消费者的基本效用，表示网络规模为零时消费者仍然可以获得的效用水平，对单个消费者而言 r_{ki} 通常是一个常数。x_i 代表网络规模，$v_{ki}(x_i)$ 代表网络产品 i 带给消费者的网络效应，网络效应是网络规模的增函数。

---

① 下文公式中的 k 均表示以消费者 k 为例进行列示，不再进行特殊说明。

如果网络规模成长的时间价值并不重要，也就是说如果网络规模的成长过程对消费者的选择行为影响较小时，消费者只要对加入网络后的规模有准确预期，即可较为准确地评估网络产品带给自己的效用水平，并以此为基础做出消费选择。通常，在网络规模成长过程较短或市场及时出清的情况下，可以近似地认为网络消费者忽略网络规模成长的时间价值对其选择没有影响。

2. 适应性预期和前瞻性预期

如果可以忽略网络成长过程对消费者效用的影响，消费者要对网络产品带来的效用水平进行准确评估，就需要对网络规模进行准确的评估。依照消费者做出消费选择时所依据的网络规模的不同，可以将消费者的选择行为分为以下两种情形：

第一，消费者具有适应性预期。如果消费者根据“做出购买决策时的网络规模”判断网络产品带来的效用水平，进而做出购买决策，则消费者只需要对购买时的网络规模进行准确判断即可做出正确的购买决策。式（6－1）中的网络规模 x_i 将是消费者对购买网络产品时的网络规模做出的预期 x_{ki}，具有这种选择行为的消费者可以称为“短视的消费者”。亚瑟（1989）所研究的网络消费者的选择行为即属此类，消费者购买网络产品 i 的条件是：

$$p_i - v_{ki}(x_{ki}) < r_{ki} \quad i = A, B, C, \cdots$$
$$p_i - v_{ki}(x_{ki}) - r_{ki} < p_{-i} - v_{k-i}(x_{k-i}) - r_{k-i} \quad i = A, B, C, \cdots \tag{6-2}$$

卡茨和夏皮罗（1985）将 $p_{ki} - v_{ki}(x_i)$ 称为网络产品的享乐价格。表示实际消费者购买网络产品的当时，去除网络效应后网络产品所能带给消费者的效用，或者说购买价格超出网络效应的数值。当消费者享乐价格小于基本效用 r_{ki}，表示消费者以较小的价格实现了基本效用，消费者可能将会购买网络产品 i，反之则表示消费者将不会购买网络产品 i。其中第二个不等式保证消费者购买某个特定的网络产品 i 而不是其他网络产品 －i。总体上看，消费者将以最低的享乐价格实现最大的基本效用。

第二，消费者根据各网络的预期均衡网络规模，判断网络产品带来的效用水平，并以此为基础做出购买决策，具有这种选择行为的消费者可以称为“前瞻性的消费者”。消费者需要对均衡网络规模做出理性预期才可能做出正确的购买决策。消费者效用函数式（6－1）中的网络规模 x_i 将是消费者对网络竞争均衡时的网络规模做出的预期 x_{ki}^e，消费者购买网络产品 i 的条件是：

$$p_i - v_{ki}(x_{ki}^e) < r_{ki} \quad i = A, B, C, \cdots$$

$$p_i - v_{ki}(x_{ki}^e) - r_{ki} < p_{-i} - v_{k-i}(x_{k-i}^{*e}) - r_{k-i} \quad i = A, B, C, \cdots \tag{6-3}$$

消费者根据预期的均衡规模 x_{ki}^e 对网络效应进行评估，如果网络产品 i 的享乐价格小于其所能提供的基本效用，并且可使消费者以最小的享乐价格获得较大的基本效用，则 i 将成为消费者的选择对象。

3. 消费者对网络规模认识的有限理性

对消费者的以上两种选择行为进行更为深入的分析，可以发现消费者对网络规模进行准确评估看似是一个较为宽松的假定，但却并不容易得到满足。原因有以下三点：

第一，“短视的消费者”并不必然可以准确预知购买决策时的网络规模。消费对网络规模的认知有两条途径，分别是厂商的销售发布和自身的感知。实际销量往往是厂商的商业秘密，而且厂商往往可以采用提前发布、掠夺性定价等各种手段影响消费者的预期，尽量使消费者的预期更有利于己方技术的推广。因而为了影响消费者的预期，厂商发布的销售量往往是夸大的。

第二，“前瞻性的消费者”对均衡网络规模的预期具有更大的不确定性。消费者依据未来的均衡网络规模做出消费决策时，往往只能对竞争网络的竞争优势进行粗略的估计。消费者更容易判断未来参与竞争的网络中的哪一个会占有更大的市场份额，但却很难对均衡网络规模做出准确判断。

第三，信息通常是不完全的。消费者对均衡网络的理性预期通常要求消费者具有完美信息（perfect information），这需要消费者熟悉彼此的效用函数和反应行为，消费者熟悉厂商的生产函数和定价行为。消费者基于此才可能对均衡的网络水平做出准确的估计，而现实中这些条件通常并不能得到保证，因而对均衡网络规模进行理性预期通常是经济学的理想假定。

综上所述，虽然消费者往往并不能对网络规模进行准确估计，对网络规模的误判并不鲜见。多数文献显示，在静态或者比较静态框架内对网络竞争或消费者的选择行为进行研究，很难回避消费者的理性预期这一假定。网络消费者对网络规模认知的有限理性，以及由于这种有限理性所带来的不确定性对消费者选择行为的影响还是较新的研究课题，消费者对网络产品的投机消费行为仍有很多问题尚待解答。

4. 消费者对网络成长过程的有限理性

（1）网络成长过程与网络消费者的效用。如果网络规模成长的时间价值较为重要，也就是说当网络规模的成长过程对消费者的影响较大时，消费者要对网络效应做出准确评估，就需要对网络成长过程中每一个时间点的网络规模进行准确评估，这相对于对某个时间点网络规模的准确预期而言，无疑需要更高的要求，因为这相当于消费者需要对一系列时间点上的网络规模具有完全理性。

当网络成长过程对消费者效用影响较大时，必须计量网络成长的时间价值对消费者效用的影响。假定网络规模成长的路径函数为 $x_i = x_i(t)$，如果消费者在 t_0 时刻选择网络产品 i，则其获得的效用将是：

$$U_{ki}[x_i(t)] = \int_{t_0}^{+\infty} e^{-gt}[r_{ki} + v_{ki}(x_i(t))]dt - p_i \quad i = A, B, C, \cdots$$

式中的 g 代表折现率，中括号内的代数项表示消费者在 t 时点从网络产品获得的效用。

（2）消费者对网络成长过程的有限理性。法雷尔和沙龙纳（1986）以及卡茨和夏皮罗（1992）在对网络动态竞争进行研究时，均假定消费者对网络成长过程具有完全理性。如果消费者是理性的，那么他将能够准确预知（t_0，+∞）区间内网络成长的历程，显然这是个十分严苛的假定。现实中，所有消费者具有如此高超的预期能力和完美的信息显然难以令人置信，因而假定有限理性的消费者具有网络投机消费特性更符合现实情况。

5. 网络经济消费的投机特性

以上分析显示，网络消费者对网络规模和网络成长过程的有限理性使其在做出购买决策时，往往并不能对各网络的网络规模及效用水平做出准确评估，从而显示出投机消费的特性。消费者的网络投机消费行为可能给消费者带来相关损益。以下将以“前瞻性的消费者”对网络规模的有限理性为例加以说明。在忽略时间价值的前提下，“前瞻性的消费者”的投机消费是指消费者依据预期的均衡网络规模对网络效应进行估计，做出消费选择并依据网络发展实际做出相应调整的投机消费行为。假设网络消费者的投机消费行为和决策过程符合图 6－1 所示。

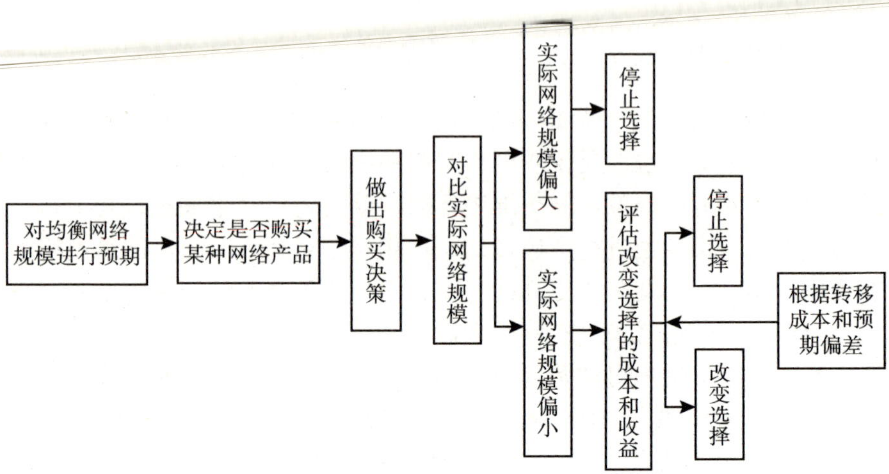

图 6－1　前瞻性消费者的网络投机消费

假定存在两个经济网络 A 和 B，消费者首先对各网络的均衡规模做出尽可能准确的前瞻性预期，而后根据式（6－3）决定是否进入市场选择某种网络产品。决定进入市场的消费者同时进入，并依据预期的网络均衡规模对网络效应进行评估，做出消费选择。进入总人数 $\bar{x}$ 为外生变量。消费者在选择后将看到不同网络的市场规模，而不进入的消费者则无法准确获知这一信息。消费者可以根据实际网络规模调整选择，但是需要付出法雷尔和克伦佩尔（2006）所述的转移成本 Δ。转移成本 Δ 的产生具有现实依据。从一个产品网络转移到另外一个产品网络通常伴随着网络产品的更换，这种更换行为必然会使消费者产生相应的经济损失，这一损失可以看成判断失误的代价。如果消费者选择后发现所选网络产品带来的效用水平高于预期，则停止选择。反之，如果消费者发现所选网络产品带来的效用水平低于预期，则需要评估改变选择的成本（也即转移成本）和改变选择后效用的增加，并进一步做出停止选择或者改变选择的决定。

6.1.4　本章对消费者偏好和预期的约定

本章在对消费者效用函数进行约定的过程中既要考虑消费者的异质特性和有限理性，又要适当简化，以便于进行模型的推演。

1. 消费者偏好的假定

研究网络标准竞争问题，可以依照消费者对每种技术以及对所有技术总体上所呈现出的不同偏好，将网络消费者的偏好按表6-1所示，分为16种类型。为确保得到有启发性的结论，在设定网络消费者效用函数时，既要考虑偏好设定的一般代表性，又要考虑对其进行适当简化。结合表6-1，这里假定消费者服从“整体网络效应异质偏好”和“单个技术基本效用异质偏好”。

按照表6-1所列示的，“单个技术基本效用异质偏好”的含义为：不管消费者最终选择哪一个网络，每个消费者对网络所能提供的网络效应的评价一致，而对网络所能提供的基本效用的评价不一致。“整体网络效应异质偏好”是指消费者对不同网络所能提供的网络效应具有不同的评价，而对不同网络所能提供的基本效用具有一致的评价。

这种假定的合理性可以从两个方面加以理解。一方面它凸显了网络标准竞争的实质是具有不同网络效应的网络之间的竞争，另一方面它又承认消费者对网络技术所能提供的基本效用的体验存在差异，从而融入了对消费者个性的尊重。

2. 消费者偏好假定的进一步解释

基于以上偏好假定，在不考虑网络兼容性的情况下，消费者预期从网络A或网络B所获得的效用为：

$$U_i(x_i^e) = r + v_i(x_i^e) - p_i \quad i = A,\ B \tag{6-4}$$

式中r服从（-∞，A］的均匀分布，代表消费者从不同网络技术中获取的基本效用，这一方面显示出消费者对不同网络技术所能提供的基本效用具有相同的评价，另一方面还显示出消费者对同一种网络技术所能提供的基本效用具有不同的评价。消费者预期网络技术所能提供的网络效应用增函数 $v_i(x_i^e)$ 表示，并且 $v(0)=0$。这一方面表明消费者对不同的网络技术所能提供的网络效应评价不同，另一方面则表明不同消费者对某种网络技术所能提供的网络效应评价相同。式中的 x_A^e 和 x_B^e 分别代表消费者对两个竞争网络均衡规模的预期。p_A 和 p_B 分别为两种网络产品的价格。

3. 关于预期的假定

根据前面对消费者预期的分析可见，由于网络经济中的消费者通常呈现出有限理性，导致网络经济中消费者的消费存在一定的投机特性，这种投机给消费者带来损益。但是如果消费者的转移成本足够低，消费者如果预期错误，可以通过转移实现对错误预期的无成本修正。因此在足够低的转移成本下，消费者的最终选择与其完全信息下的最优选择一致，我们可以认为消费者具有理性预期。在现实生活中，网络经济中的转移成本在很多情况下并不高昂，消费者甚至可以无成本实现转移从而同时占有和使用多种竞争产品，比如人们可以同时使用邮箱、QQ、微信、旺旺产品，就是因为转移成本近乎为零。假定转移成本足够低，则有限理性的消费者可以做出和理性预期的消费者完全相同的最优决策。因此本书在基础模型构建过程中，假定人们具有理性预期并不是一个过分严苛的假定。而且随着大数据时代的来临和信息传递技术的变革，人们所能获得的信息越来越充分和快捷，假定网络经济中的消费者具有理性预期显得越来越宽松。

6.2 基本模型的建立：网络竞争的共存均衡

网络经济中的兼容行为是一种较为复杂的竞争行为。其原因在于网络经济的本质是消费者可以获得网络效应，某种产品用户的效用水平随着同种产品用户数量的增加而增加。一旦产品之间通过兼容技术获取兼容性，兼容行为使得某种产品用户的效用水平不但随着本产品用户数量变化，还随着竞争对手用户数量变化而变化。这种变化不见得为竞争双方带来好处，甚至可能导致竞争产品的消失和垄断市场的形成，从而最终损害某一方消费者的利益。因而兼容行为对不同厂商而言具有不同的含义，有时候厂商具有兼容的冲动，有时候厂商具有兼容的惰性而刻意回避兼容。本节内容将对这种复杂的竞争行为进行深入分析。

我们将遵循传统网络效应理论的研究路径，通过设定消费者效用函数，纳入消费者的效用最大化和生产者利润最大化行为，通过构建双寡头竞争模型，首先找到寡头竞争的共存均衡，再对与兼容相关的变量进行比较静态分析，找出企业进行兼容决策的理论依据。之所以要首先研究网络竞争的共存均衡，基于网络竞争共存均衡研究兼容行为，原因有两个：第一个原因是如果市场不是共存均衡那一定是垄断，对垄断厂商而言兼容失去了对象；第二个原因在于，先研究竞争均衡获取静态均衡的条件再进行比较静态分析是经济学比较静态分析方法的基本步骤和内在要求。因此接下来研究的重点是获取网络经济中竞争企业共存均衡的条件。

6.2.1　模型中兼容变量和效用函数的设定

1. 兼容变量的设定

如果两种网络技术完全兼容，处于网络 A 中的消费者不但可以从网络 A 中取得网络效应，也可以无障碍地从网络 B 中取得网络效应。如果两种技术是非兼容的，某个网络中的消费者只能与同处一个网络中的消费者发生联系，两个网络中的消费者是隔离的，一个网络中的消费者无法从其他网络的成长中受益。

但这只是两种极端情况，并没有太强的代表性。现实情况多介于二者之间，所以这里假定两种网络标准是部分兼容的，或者说是不完全兼容的。处于网络 A 中的消费者也可以从网络 B 中得到好处，但在同等网络规模条件下比其从网络 A 中得到的网络效应小。反之，网络 B 中的消费者亦然。将网络之间存在的非对称兼容考虑在内，消费者的效用函数可进一步表述为：

$$U_i(x_i^e,\ x_{-i}^e) = r + v_i(x_i^e + nx_{-i}^e) - p_i \quad n = b,\ d;\ i = A,\ B \qquad (6-5)$$

其中 $0 \leqslant n < 1$，定义为兼容系数，b 和 d 分别表示网络 A 和网络 B 对对方的兼容系数，也即各自将对方网络规模折算到自身网络规模的系数。消费者主要从己方网络中受益，但同样可以受益于其他网络的成长，只是在相等的网络规模下比从己方网络中得到的网络效应小。

兼容可以分为单向兼容和双向兼容，并且双向兼容比单向兼容更为常见，很难想象一个厂商可以长期构建一种兼容手段，使自己从对方的网络成长中受益而对方无法实现对自己的兼容。现实中更为常见的情况是双向兼容，并且兼容双方从对方汲取好处的程度有所不同，也即双方的兼容系数 b 和 d 通常并不相同。上述对兼容行为的理论描述具有一般性，因为兼容系数 b 和 d 的不同值可以代表竞争双方的部分兼容、单相兼容、非对称兼容等复杂的兼容行为。

2. 引入兼容系数后效用函数的设定

消费者选择网络 A 或网络 B，其效用函数可引用式（6－5）表示，网络 A 和网络 B 中的消费者的效用可以细化表述为：

$$\begin{cases} U_A(x_A^e,\ x_B^e) = r + v_A(x_A^e + bx_B^e) - p_A \\ U_B(x_A^e,\ x_B^e) = r + v_B(x_B^e + dx_A^e) - p_B \end{cases} \tag{6-6}$$

6.2.2 厂商的利润最大化函数和反应函数

1. 网络厂商的利润最大化函数

根据卡茨和夏皮罗（1985）的论述，如果两种技术标准共存于市场之中，需满足以下条件：

$$p_A - v_A(x_A^e + bx_B^e) = p_B - v_B(x_B^e + dx_A^e) = \phi \tag{6-7}$$

这里的 ϕ 表示消费者在扣除网络效应后，必须支付的价格，或者说消费者为获得网络产品的基本效用而必须支付的价格。卡茨和夏皮罗（1985）将其称为预期的享乐价格（expected hedonic price）。如果某个消费者的基本效用 r 小于为此所需支付的预期享乐价格 ϕ，他将不会进入市场。只有基本效用 $r \geqslant \phi$ 的消费者才会进入市场。又因为消费者对每种技术的基本效用项呈现异质偏好，r 服从 $(-\infty,\ A]$ 的均匀分布，因而进入市场的人数为 $A-\phi$，令 $z = A - \phi$。设消费者进入市场后购买网络产品 A 和网络产品 B 的人数分别为 x_A 和 x_B，则有 $z = x_A + x_B$。为此可以得到下式：

$$A - \phi = z = x_A + x_B$$

也即：

$$A-p_A+v_A(x_A^e+bx_B^e)=A-p_B+v_B(x_B^e+dx_A^e)=z=x_A+x_B \qquad (6-8)$$

这里为了简化计算，假定两个网络厂商没有固定成本，变动成本相等且均为零。

则厂商的利润函数为：

$$\pi_A=p_A\times x_A=[A+v_A(x_A^e+bx_B^e)-z]x_A$$

从厂商的利润函数可以看出，固定和变动成本不为零并不改变问题的性质，只是表达形式有所区别。因为固定成本在求取利润最大化的过程中将被约去，变动成本的影响与基本效用分布的极大值 A 类似，并可以合并研究。

对上式求导，厂商利润最大化的一阶条件为：

$$\partial\pi_A/\partial x_A=A+v_A(x_A^e+bx_B^e)-z-x_A=0$$

$$x_A=A+v_A(x_A^e+bx_B^e)-z=p_A \qquad (6-9)$$

由此得到消费者一致预期条件下，厂商 A 的利润最大化函数为：

$$x_B=A+v_A(x_A^e+bx_B^e)-2x_A \qquad (6-10)$$

同理我们可以得到消费者一致预期条件下厂商 B 的利润最大化函数为：

$$x_A=A+v_B(x_B^e+dx_A^e)-2x_B \qquad (6-11)$$

以及 $x_B=p_B$。

2. 网络厂商的反应函数

因为消费者具有理性预期，厂商竞争均衡时式（6－10）、式（6－11）需同时成立，并满足：

$$\begin{cases}x_B^*=A+v_A(x_A^*+bx_B^*)-2x_A^*\\ x_A^*=A+v_B(x_B^*+dx_A^*)-2x_B^*\end{cases} \qquad (6-12)$$

均衡点符合纳什均衡的定义，在坐标点（x_A^*，x_B^*）处，消费者的最优选择与厂商的最优选择一致。x_A^* 和 x_B^* 分别是厂商 A 和厂商 B 的直接最优反应，消费者的预期一致并得以实现。将式（6－12）中的＊号去掉，这两个方程就是消费者理性预期条件下厂商的反应函数，两条反应曲线的交点就是网络标准竞争的均衡点。

6.2.3　网络标准竞争均衡的达成

如前所述，我们假定技术进步发生以前网络厂商已经取得了共存均衡。图 6－2 描述了网络标准竞争均衡的达成过程。

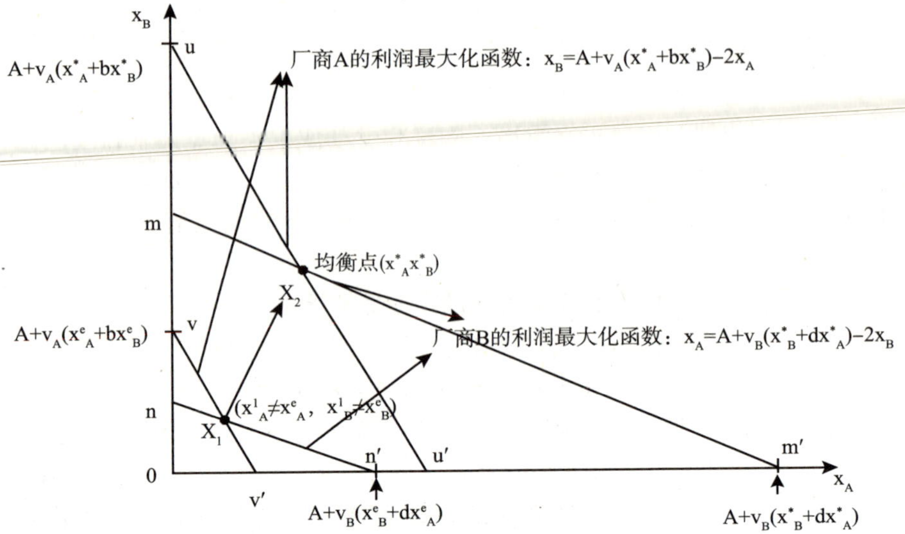

图 6－2　网络标准共存均衡的调整过程

图中 uu′和 vv′是在消费者对均衡规模具有不同预期的条件下，厂商 A 的利润最大化函数所在直线，mm′和 nn′是在消费者对均衡规模具有不同预期的条件下，厂商 B 的利润最大化函数所在直线。$A+v_A(x_A^*+bx_B^*)$ 以及 $A+v_A(x_A^e+bx_B^e)$ 分别是 uu′和 vv′的纵截距，$A+v_B(x_B^*+dx_A^*)$ 和 $A+v_B(x_A^e+dx_A^e)$ 分别是 mm′和 nn′的横截距。假定最初消费者对网络规模的预期分别为 x_A^e 和 x_B^e。此时，厂商 A 的利润最大化函数为 vv′，厂商 B 的利润最大化函数为 nn′，两条线的交点 X_1 代表了厂商利润最大化条件下的交点。但由于交点坐标 $x_A^1 \neq x_A^e$，$x_B^1 \neq x_B^e$，消费者的预期并没有得以实现，因此 X_1 点不可能是消费者理性预期条件下的均衡点。

理性预期的消费者当然知道这一点，他们理所当然地将预期调整到更大的网络规模①，只要利润最大化函数的交点坐标不同于截距项中的预期网络规模，这种调整会一直持续下去，直到网络规模预期由非理性

① 一些情况下消费者向更小的方向调整网络规模预期，不失一般性，此处只讨论向上调整的情形。

预期条件下的 x_A^e 和 x_B^e 调整为理性预期条件下的 x_A^* 和 x_B^*。此时厂商利润最大化函数所在直线的截距分别沿纵轴和横轴，由 $A + v_A(x_A^e + nx_B^e)$ 和 $A + v_B(x_A^e + nx_A^e)$ 分别移动到 $A + v_A(x_A^* + nx_B^*)$ 和 $A + v_B(x_B^* + nx_A^*)$，新的利润最大化函数的交点为 X_2。此时 X_2 的坐标为 $(x_A^* x_B^*)$，因而消费者的预期得以实现，消费者显示出理性预期。X_2 即为网络标准竞争的均衡点。消费者预期的调整过程遵循从 X_1 指向 X_2 的路径。需要指出的是，由于调整过程中各厂商的利润最大化函数的斜率保持不变，因而反应曲线的移动表现为曲线的平行移动。

6.2.4　线性网络效应假定与厂商的反应函数

以下将在线性网络效应的假定下展开讨论。应用上述推导过程，可以得到线性网络效应假定下厂商的反应函数。

1. 线性网络效应假定的依据

基于以下几个事实，我们将消费者效用函数中的网络效应项进一步设定为线性函数形式。

（1）正如表3－1所示，线性网络效应假定是最常用和近似合理的假定，世界范围内的多数学者在研究网络经济问题时，沿用了这一简洁的假定。

（2）将网络效应设定为线性形式有利于得到明确和具有启发性的结论。以式（6－12）为代表的网络厂商的反应函数的形状，根据 $v_A(x_A, x_B)$ 和 $v_B(x_A, x_B)$ 的不同设定方式而有所不同，往往很难得到明确的结论，网络效应的线性假定恰恰可以弥补这一不足。

（3）即使网络效应是非线性的（从而厂商的反应函数也是非线性的），只要厂商的反应函数是连续的，在对网络标准竞争以及对竞争均衡点的稳定性进行分析时，都可以从均衡点取两个反应函数的切线，将理性预期条件下，均衡点附近的标准竞争转化成简单的线性形式，从而对非线性网络效应下的网络标准竞争问题进行适当简化，并应用线性条件下得到的结论对某些问题进行探讨。

2. 线性网络效应下厂商的反应函数

假定理性预期均衡时，技术进步并没有发生，线性网络效应假定下，消费者的效用可以设定为：

$$\begin{cases} U_A(x_A^e,\ x_B^e) = r + a(x_A^e + bx_B^e) - p_A \\ U_B(x_A^e,\ x_B^e) = r + c(x_B^e + dx_A^e) - p_B \end{cases} \tag{6-13}$$

其中 b 和 d 代表网络 A 和网络 B 对对方网络的兼容系数，并且为显示各网络中的消费者主要从本网络受益，我们设定 $0 \leqslant b < 1$，$0 \leqslant d < 1$。

代入式（6－12），得到线性网络效应下，厂商 A 和厂商 B 的反应函数分别为：

$$\begin{cases} x_B = \dfrac{a-2}{1-ab}x_A + \dfrac{A}{1-ab} \text{或} x_A = \dfrac{1-ab}{a-2}x_B + \dfrac{A}{2-a} \\ x_A = \dfrac{c-2}{1-cd}x_B + \dfrac{A}{1-cd} \text{或} x_B = \dfrac{1-cd}{c-2}x_A + \dfrac{A}{2-c} \end{cases} \tag{6-14}$$

这里的 ab 和 cd 我们称为得益系数，代表综合了网络效应系数和兼容系数后，一个网络从另外一个网络规模中的得益大小①。

如果两条反应曲线相交②，其交点坐标为：

$$\begin{cases} x_A^* = \dfrac{(c-ab-1)A}{(1-cd)(1-ab)-(a-2)(c-2)} \\ x_B^* = \dfrac{(a-cd-1)A}{(1-cd)(1-ab)-(a-2)(c-2)} \end{cases} \tag{6-15}$$

厂商反应函数的交点就是消费者理性预期条件下厂商的竞争均衡点。

6.2.5 网络厂商的反应函数的类型及网络分类

为了更深入地分析不同情况下网络标准竞争存在网络共存均衡的条件，需要根据厂商的反应函数的不同特性，对竞争中的网络进行分类，并以此为基础阐述网络稳定共存均衡的存在条件。

1. 互补型和替代型最优反应关系

（1）互补型反应和替代型反应。根据网络厂商反应函数的不同特

---

① 假定 $ab \neq 1$，$cd \neq 1$，$a \neq 2$，$c \neq 2$，并在此忽略对这些特殊点的讨论，因为它们对研究结论没有实质影响。

② 下文将具体说明，根据参数的不同取值，有时网络标准竞争并不存在稳定的共存均衡点。

点，我们从厂商的角度将网络竞争中厂商的反应函数所呈现出的反应关系分为两类：

互补型反应：如果厂商A对另一个厂商B增加（或减小）产量的最优反应是同时增加（或减小）产量，或者说厂商B增加（或减小）产量将促进厂商A产量的增加（或减小），则对厂商B而言，网络A是互补型反应。如果反之也成立，我们称两个网络互为互补型反应。

替代型反应：如果厂商A对另一个厂商B增加（或减小）产量的最优反应是同时减小（或增加）产量，或者说如果厂商B的产量增加（或减小）将促进厂商A市场的萎缩（或扩张），则对厂商B而言，网络A是替代型反应。如果反之也成立，我们称两个网络互为替代型反应。

（2）互补型最优反应的两种情况。我们以技术进步未发生的情况为例①，并根据式（6－13）所示，可以发现线性网络效应假定下，厂商的反应函数在两种情况下将呈现出互补型反应特性：

当网络A的网络效应较强，满足 $a>2$，但是得益系数较小，满足 $ab<1$ 时，此时网络A的网络效应较强，但网络A从其他网络受益较小。综合而言，网络A对消费者的吸引力属于中等强度。厂商A的扩张并不能排除其他网络的成长，厂商A的最优反应是与其他厂商按照相同方向调整产量。我们将满足以上条件的网络称为“自立型强网络”。

当网络A的网络效应弱，满足 $a<2$，但是得益系数较大，满足 $ab>1$ 时，此时网络A的网络效应较弱，但网络A从其他网络得益较大，并从其他网络规模的成长中受益较多。综合而言网络A对消费者的吸引力仍然属于中等强度。由于具有较大的得益系数，网络A规模的扩张，某种程度上依赖于网络B的成长，厂商A的最优反应仍然是和其他厂商按照相同方向调整产量。我们将满足以上条件的网络称为“外援型弱网络”。

同理，我们可以分析厂商B属于互补型反应关系所处的参数区间。

（3）替代型最优反应的两种情况。当网络A的网络效应较强，满足 $a>2$，同时得益系数也较大，满足 $ab>1$ 时，此时网络A具有双重

① 预期技术进步发生时也可以结合不同网络效应系数和得益系数直接套用。

优势，消费者对其网络效应依赖性较强，而且处于网络 A 中的消费者还可以很大程度上享受到网络 B 规模成长的好处。此时厂商 A 的反应曲线向下倾斜，其最优反应策略是不断扩大本网络的规模，不断压缩网络 B 的规模。网络 A 是一个彻底的强势网络，也是其他网络的威胁，我们可以称其为“全面型强网络”。

当网络 A 的网络效应弱，满足 $a<2$；同时得益系数也较小，满足 $ab<1$ 时，网络 A 处于全面的弱势地位，不但自身的网络效应较小，而且从网络 B 的成长中得到的好处也较少，此时厂商 A 的反应曲线同样向下倾斜，厂商 A 对其他网络规模成长的最优反应是减小自己的产量，或者说其他网络的规模成长对其是个很大的威胁。我们可以将其称为“整体弱势网络”。

同理，我们可以分析厂商 B 属于替代型最优反应关系而应具有的参数区间。

2. 网络分类

据以上分析，我们将四种网络类型列于表 6－3 中。需要特殊说明的是，该网络分类并不是根据现有网络规模划分的，而是按照网络效应和得益系数划分的。从动态的角度看，一个网络的成长过程可能会经历以上所有的网络类型。卡茨和夏皮罗（1985）假定网络效应项 $v(x)$ 的增长并不是无极限的，而是呈现出规模报酬递减的特性，满足 $v'>0$，$v''<0$，并且 $x\to+\infty$ 时，$\lim v'=0$。$v(x)$ 的特性将直接影响网络厂商的反应函数，从而导致标准竞争呈现出多均衡特性。克莱门茨（2004）也认为网络效应通常会显示出规模报酬递减或规模报酬不变的状态。

因此任何一个强大的网络，随着网络规模的成长，不可能始终将网络效应系数维持在较高的水平，网络效应往往呈现规模报酬递减的现象。当一个网络处于快速成长阶段时，网络效应系数往往较大；而网络进入成熟期时，网络效应系数往往较小。随着网络规模的增长，网络效应甚至趋近于某个极限值。

6.2.6　网络标准竞争过程中存在稳定共存均衡的条件

正如本章开始所论述的，本章所要研究的网络技术进步，是以网络共存均衡为前提的。考察的是非对称兼容条件下各网络既可以在网络技术进步以前取得共存均衡，又可以在技术进步后取得共存均衡时，理性的消费者的技术选择行为。

为此需要集中探讨网络标准竞争过程中存在稳定共存均衡的条件。我们并不试图论述网络标准竞争所有可能的竞争结果，因为多均衡是网络标准竞争的经典结论，一些情况下很难明确网络标准竞争的具体结果和具体条件。[①] 当存在多个纳什均衡，而我们又没有精练手段排除其他可能并只保留其中某一个均衡时，网络标准竞争就会存在模糊空间，使我们无法得到明确的具体结论。在此我们只论证稳定共存均衡存在的具体条件，以此作为第 6 章相关论证的前奏和准备，同时作为第 7 章分析“兼容技术进步”的基础。我们将按照表 6－3 中所示的网络分类，对各种网络分别加以讨论，以获得网络稳定共存均衡的条件。

表 6－3　　根据网络厂商反应函数的特性对竞争网络的分类

网络效应系数	得益系数 >1	得益系数 <1
网络效应系数 >2	全面型强网络	自立型强网络
网络效应系数 <2	外援型弱网络	整体弱势网络

各类型网络的基本特点列于表 6－4 中。

表 6－4　　各类型网络的基本特点

网络类型		基本特点
互补型反应	自立型强网络	具有独立性，其网络成长并不排斥其他网络的发展
	外援型弱网络	具有依赖性，将从其他网络的成长中受益
替代型反应	全面型强网络	具有排他性，其网络成长将驱逐其他网络的发展
	整体弱势网络	具有妥协性，随其他网络的成长而萎缩

① 正如卡茨和夏皮罗（1992）命题 1 中阐述的那样。

1. “全面型强网络”参与的竞争

当参与竞争的双方有一方属于“全面型强网络”时，并不需要做进一步的讨论。因为“全面型强网络”满足 $a-2>0$ 以及 $1-ab<0$，此时反应曲线斜率为负。根据厂商的线性反应函数式（6－14）所示，处于“全面型强网络”地位的厂商的反应曲线的横截距（$A/(1-ab)$）和纵截距（$A/(2-a)$）都为负，因而不可能在非对称兼容的条件下与任何类型的网络取得共存均衡。鉴于由“全面型强网络”参与的网络标准竞争不可能存在稳定的共存均衡，我们将在进一步的讨论中将其排除在外。

尽管“全面型强网络”参与的网络标准竞争不可能出现共存均衡，似乎现实中并不存在这种类型的网络，但我们认为该类网络仍具有经济学意义。比如某种网络的网络效应较强，同时具备随时兼容其他进入网络并获得较大兼容得益的潜力或能力，这种网络的竞争力无疑更强并区别于一般网络效应较强的网络。

2. “自立型强网络”之间的竞争

（1）共存均衡的条件。假定网络 A 和网络 B 都属于“自立型强网络”，则厂商 A 和厂商 B 的反应曲线的位置关系如图 6－3a 和图 6－3b 所示，当两条曲线位置关系满足 a 图所示的情况，两条曲线永远不可能相交，只有两条曲线满足 b 图所示的位置关系时，两条反应曲线才可能相交，网络标准的共存均衡才有可能实现。

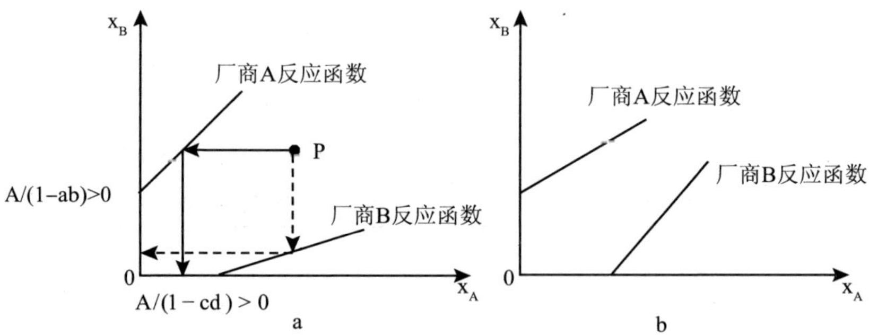

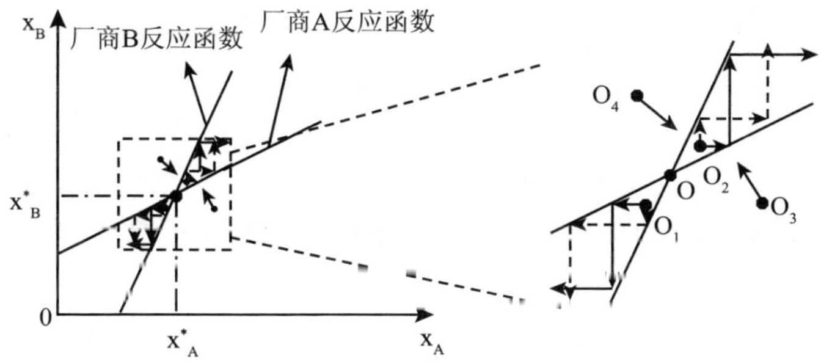

图6-3　“自立型强网络”之间的不稳定共存均衡

两条直线相交的条件要求厂商A和厂商B反应曲线的斜率满足：

$$k_B = \frac{1-cd}{c-2} > k_A = \frac{a-2}{1-ab} \Rightarrow (1-ab)(1-cd)-(a-2)(c-2)<0$$

（2）交点的稳定性。对竞争均衡稳定性的论证有时并不十分重要，但由于我们假定消费者具有理性预期，均衡的稳定性就是一个值得探讨的问题。因为如果纳什均衡是不稳定的，或者说不是颤抖手精练（trembling hand refining）的，消费者对网络规模的预期将是不稳定的。如果均衡是不稳定的，将使理性预期这一较为严苛的假定变得更为难以接受。

比如根据图6-3d所示，由于某种扰动因素的干扰，市场从原来的均衡点O偏离到O_1点，在O_1点。如果由厂商A先做出反应，厂商A将沿着向左的实线箭头实现新的产量，然后厂商B根据厂商A的新产量，由此沿着向下的实线箭头实现新的产量，如此往复，可以看到这种趋势是各厂商的产量逐步偏离了原来的均衡点。如果从O_1点开始由厂商B先反应，厂商B将沿着向下的虚线箭头方向实现产量，以此为基础，厂商A再沿着向左的虚线箭头方向实现新的产量，如此往复，同样会偏离O点。同理，我们可以论证在$O_2 \sim O_4$的情况下，厂商的反应遵循同样的反应趋势。因而可以断定均衡点O并不是颤抖手精练的纳什均衡。因此我们的结论是，“自立型强网络”之间不可能存在稳定的共存均衡点。

如图6-3c和d所示，如果两条反应曲线均呈现互补型反应关系，也即反应虚线向右上方倾斜，我们可以发现：在交点左侧，厂商A的反应曲线在厂商B反应曲线之上，在交点右侧，厂商A的反应曲线在厂商 B 反应曲线的下方。根据上面的分析，此时两条反应曲线的交点将是不稳定的纳什均衡点。反之如果在交点左侧，厂商 A 的反应曲线在厂商 B 反应曲线之下，在交点右侧，厂商 A 的反应曲线在厂商 B 反应曲线的上方，交点则为稳定的纳什均衡点，代表两个网络可以较为稳定的共存于市场之中，即使偶然事件使竞争暂时偏离了原来的均衡，市场中仍存在使竞争回归原来纳什均衡点的动力。

结合我们前面对“全面型强网络”的分析，可以证明两个网络效应较强的网络之间（包括“全面型强网络”和“自立型强网络”），网络效应系数均大于 2，在不对称兼容条件下，不可能存在稳定的共存均衡。或者说，如果消费者知道竞争网络之间存在非对称兼容特性，他们将不会预期强势网络之间可以共享市场。

3. “自立型强网络”与“外援型弱网络”之间的竞争

（1）共存均衡的条件。假定网络 A 属于“自立型强网络”，而网络 B 属于“外援型弱网络”①，厂商 A 和厂商 B 的反应曲线的位置关系如图 6 – 4 所示，此时两条反应曲线的纵截距都为正值。只有满足图中所示的位置关系，两条反应曲线才可能相交，网络标准的共存均衡才有可能实现。

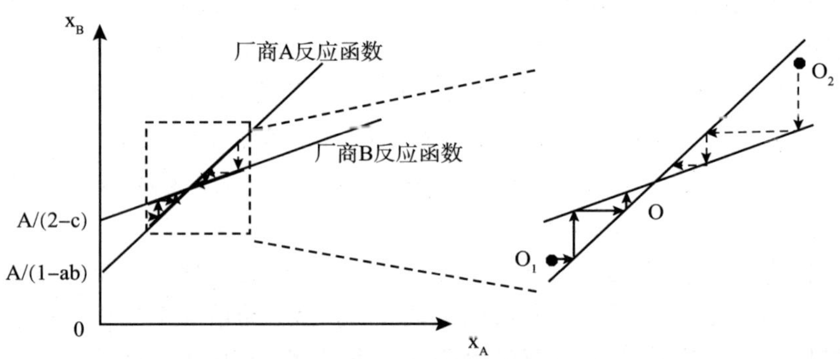

图 6 – 4 “自立型强网络”与“外援型弱网络”之间的稳定共存均衡

两条直线相交的条件要求厂商 A 和厂商 B 反应曲线的斜率满足：

① 相反的假定并无不可，但情形是一样的。下面的论述中不再对此单独进行说明。

$$k_B=\frac{1-cd}{c-2}<k_A=\frac{a-2}{1-ab}\Rightarrow(1-ab)(1-cd)-(a-2)(c-2)>0$$

同时纵截距需要满足：

$$A/(2-c)>A/(1-ab)\Rightarrow c-ab-1>0$$

（2）交点的稳定性。如图6－4所示，假定由于某种扰动因素的干扰，竞争偏离了原来的均衡点O，比如移动到O_1或者O_2点。两个厂商将分别沿着实线和虚线箭头所示的方向，收敛到原来的均衡点。图6－4中从O_1点的回归路径由厂商A首先做出反应，而从O_2点的回归路径由厂商B首先做出反应，相反的反应顺序得到同样的结论。

4. “自立型强网络”与“整体弱势网络”之间的竞争

假定网络A属于“自立型强网络”，而网络B属于“整体弱势网络”，厂商A和厂商B的反应曲线的位置关系如图6－5所示，此时与上例不同之处在于厂商B的反应曲线向右下方倾斜。

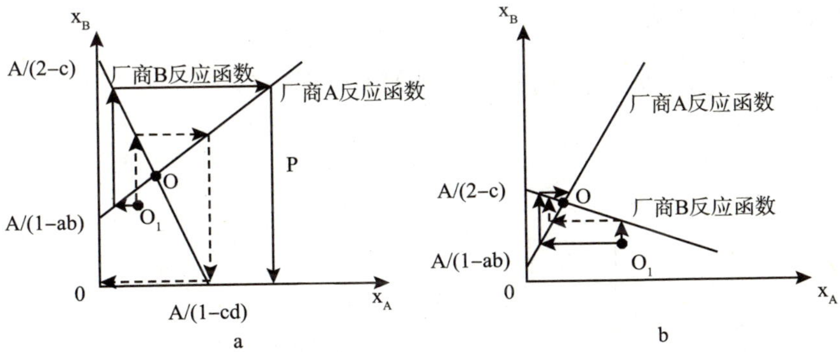

图6－5 “自立型强网络”与“整体弱势网络”之间的共存均衡

此时只有满足图中所示的位置关系，两条反应曲线才可能相交，网络标准的共存均衡才可能实现。即使两条反应曲线存在交点，也需要分为两种类型加以考虑。

第一种情况如图6－5a所示，此时厂商B反应曲线斜率的绝对值大于厂商A反应曲线的斜率，假定偶然事件的干扰使市场移动到O_1点，如图中反应路径所示，厂商的反应路径将呈现出发散的蛛网形状，此时网络标准竞争虽然可以存在共存均衡，但共存均衡点是不稳定的。

第二种情况如图 6－5b 所示，此时厂商 B 反应曲线斜率的绝对值小于厂商 A 反应曲线的斜率，如果均衡点发生偏移，市场将沿着收敛的蛛网路径回到原来的均衡点，说明市场的共存均衡是稳定的。因而网络标准竞争存在稳定的共存均衡的条件如下。

两条直线相交的条件要求厂商 A 和厂商 B 反应曲线的斜率满足：

$$|k_B| = \left|\frac{1-cd}{c-2}\right| < k_A = \frac{a-2}{1-ab} \Rightarrow (1-ab)(1-cd)+(a-2)(c-2)>0$$

同时纵截距需要满足：

$$A/(2-c) > A/(1-ab) \Rightarrow c-ab-1>0$$

5. “外援型弱网络”之间的竞争

当网络 A 和网络 B 均属于“外援型弱网络”时，两条反应曲线斜率均为正，都向右上方倾斜。这种情况类似于两个“自立型强网络”竞争时的情况，但不同之处在于厂商反应曲线的位置发生了交换。如图 6－6 所示，当两个网络厂商的反应曲线满足以下斜率条件时两条直线才有可能有交点：

$$k_B = \frac{1-cd}{c-2} < k_A = \frac{a-2}{1-ab} \Rightarrow (1-ab)(1-cd)-(a-2)(c-2)<0$$

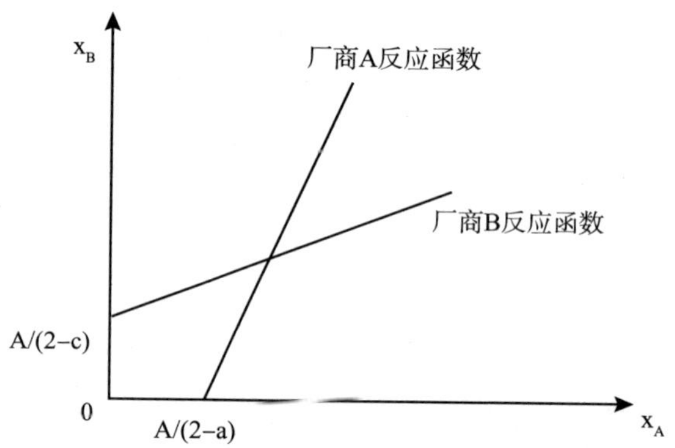

图 6－6 “外援型弱网络”之间的稳定共存均衡

与前面的论述同理，我们可以证明此时两条直线的交点是稳定的纳什均衡点，两个网络标准存在稳定的共存均衡。

6. “外援型弱网络”与“整体弱势网络”之间的竞争

假定网络A属于“外援型弱网络”，而网络B属于“整体弱势网络”。两条反应曲线如图6－7所示，此时厂商A的反应曲线仍为向右上方倾斜，厂商B的反应曲线向左上方倾斜。与图6－3同理，当厂商B反应曲线斜率的绝对值大于厂商A反应曲线的斜率时，偏离均衡点将使厂商的反应路径呈现发散型蛛网形状。此时网络标准竞争虽然可以存在共存均衡，但共存均衡点是不稳定的，因此不做讨论。当两个厂商的反应曲线如图6－7b所示时，偏离均衡点的微小扰动将沿着收敛的蛛网回归到原来的均衡点，也即存在稳定的纳什共存均衡点。

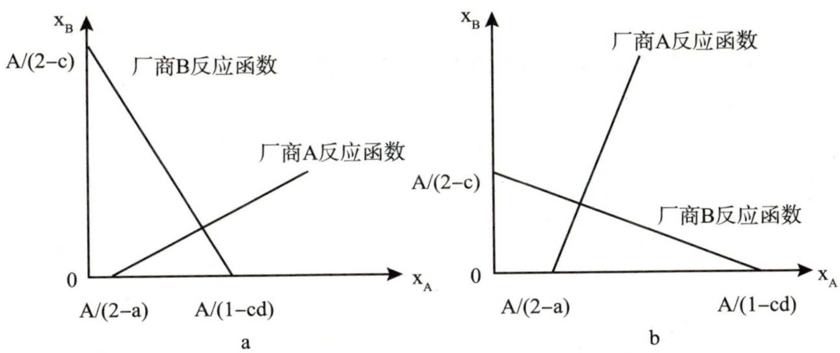

图6－7　“外援型弱网络”与“整体弱势网络”之间的共存均衡

此时厂商B反应曲线斜率的绝对值小于厂商A反应曲线的斜率，也即满足：

$$|k_B| = \left|\frac{1-cd}{c-2}\right| < k_A$$

$$= \frac{a-2}{1-ab} \Rightarrow (1-ab)(1-cd)+(a-2)(c-2)>0$$

并且两条曲线的横截距需要满足：

$$A/(1-cd) > A/(2-a) \Rightarrow a-cd-1<0$$

7. “整体弱势网络”之间的竞争

当网络A和网络B都属于“整体弱势网络”时，两条反应曲线都向右下方倾斜。当两条反应曲线位置关系满足图6－8a所示时，共存均衡是不稳定的纳什均衡，因而不做进一步讨论。当两条曲线的位置关系如图 6－8b 所示时，两个网络的竞争存在稳定的共存纳什均衡点。

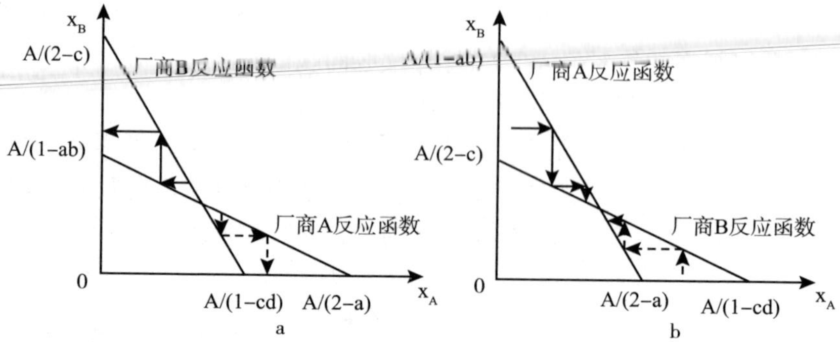

图 6－8 “整体弱势网络”之间的共存均衡

两条反应曲线的斜率需要满足条件：

$$|k_B| = \left|\frac{1-cd}{c-2}\right| < |k_A|$$

$$= \left|\frac{a-2}{1-ab}\right| \Rightarrow (1-ab)(1-cd)-(a-2)(c-2)<0$$

同时横截距需要满足：

$A/(1-cd) > A/(2-a) \Rightarrow a-cd-1<0$，或者纵截距需要满足：

$$A/(1-ab) > A/(2-c) \Rightarrow c-ab-1<0$$

8. 结论汇总

根据以上对不同网络类型竞争组合的详尽分析，可以得到各种类型的竞争网络之间存在稳定共存均衡的充分和必要条件，这些条件列于表 6－5 中。

我们将在第 7 章论述网络技术进步的实现条件时，反复应用表 6－5 所列示的稳定共存均衡的充分和必要条件。值得重申的是，这些条件都是在非对称兼容条件下得到的。我们可以将表 6－5 中的条件进行进一步归纳，并以命题 6－1 阐述在非对称兼容条件下，各类型网络之间存在稳定共存均衡的必要但不充分条件。

表6-5　非对称兼容条件下各类型网络之间存在稳定共存均衡的条件

厂商B	厂商A			
	全面型强网络	自立型强网络	外援型弱网络	整体弱势网络
全面型强网络	NA	NA	NA	NA
自立型强网络	NA	NA	$\frac{1-ab}{a-2}<\frac{c-2}{1-cd}$ $a-cd-1>0$	$\left\lvert\frac{1-ab}{a-2}\right\rvert<\frac{c-2}{1-cd}$ $a-cd-1>0$
外援型弱网络	NA	$\frac{1-cd}{c-2}<\frac{a-2}{1-ab}$ $c-ab-1>0$	$\frac{1-cd}{c-2}<\frac{a-2}{1-ab}$	$\left\lvert\frac{1-ab}{a-2}\right\rvert<\frac{c-2}{1-cd}$ $c-ab-1<0$
整体弱势网络	NA	$\left\lvert\frac{1-cd}{c-2}\right\rvert<\frac{a-2}{1-ab}$ $c-ab-1>0$	$\left\lvert\frac{1-cd}{c-2}\right\rvert<\frac{a-2}{1-ab}$ $a-cd-1<0$	$\left\lvert\frac{1-cd}{c-2}\right\rvert<\frac{a-2}{1-ab}$ $a-cd-1<0$

注：NA代表不存在稳定的共存均衡点；阴影区域所列示的条件沿右下对角线对称。

命题6-1：在满足本章模型假定的前提下①，非对称兼容的网络A和网络B之间存在稳定共存均衡的必要条件是：两个厂商反应曲线的斜率乘积的绝对值大于1，也即：

$$\left\lvert\frac{(a-2)(c-2)}{(1-ab)(1-cd)}\right\rvert>1$$

其中$\frac{a-2}{1-ab}$是厂商A反应曲线的斜率；$\frac{c-2}{1-cd}$是厂商B反应曲线的斜率。

与稳定共存均衡相对应的是表6-5中标识为"NA"的空间，它们代表两个网络不可能在非对称兼容条件下取得稳定共存均衡的网络类型的组合，不存在稳定共存均衡意味着网络标准竞争的结果应当是网络标准的垄断。鉴于此部分论证与本章核心论题关系不大，在此仅作简要讨论。

有时我们无法准确判断究竟哪个网络将取得垄断地位，网络竞争的初始状态或偶然事件将影响网络标准竞争的最终结果。博弈论对无法精练的多个纳什均衡，也只能用焦点（focal point）理论加以解释。鉴于

① 这些假定包括：消费者是理性的，网络效应项可以用线性函数表示，并且消费者呈现"单个技术基本效用异质偏好"和"整体网络效应异质偏好"等多个方面。

消费者是理性的，此时有理由相信，相对较强的网络将在多数情况成为选择的“焦点”，而取得网络标准竞争的垄断地位。在由不同类型的网络参与的标准竞争中，通常那些具有更强网络效应和更多兼容得益的网络标准将取得垄断地位。

6.2.7 非线性网络效应条件下对结论的扩展和应用

虽然为了得到具体的研究结论，我们将网络效应项进行了简化设定，将网络效应项设定为线性函数，但在非线性条件下，我们仍然可以将某些问题进行简化处理并转化为线性问题，并应用线性模型下得到的结论进行探讨。

我们可以根据表 6－5 判定非线性网络效应条件下，网络标准竞争均衡点的稳定性。假定网络效应为非线性形式，并因此导致厂商的反应函数为非线性的形式。如图 6－9 所示，在非线性反应曲线的交点 O 处，我们可以认为在无限接近均衡点 O 的区域附近，厂商的最优反应行为可以近似看作均衡点处两条反应曲线切线所代表的厂商的最优反应行为。此时做两条反应曲线的切线，根据切线的斜率和交点坐标，可以近似得出均衡点附近带有进行性的厂商的线性反应函数。套用表 6－5 的结论，我们可以判定该均衡点是否是稳定的共存均衡点。

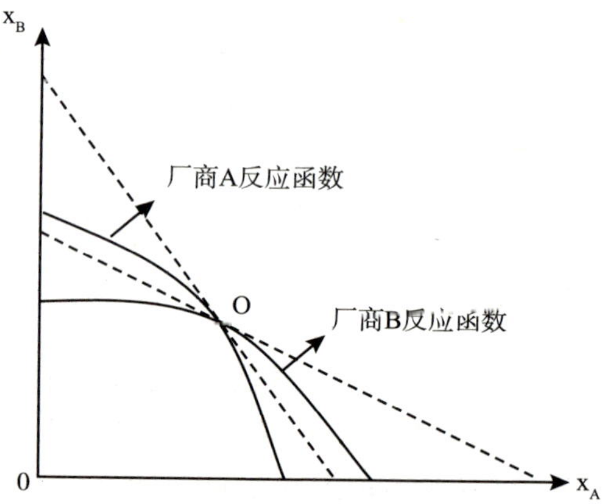

图 6－9 非线性网络效应条件下对网络标准竞争均衡的判定

比如图 6－9 中所示的情况下，过两个厂商的竞争均衡点 O，分别做厂商 A 和厂商 B 反应曲线的切线。根据两条切线所示的位置关系，在竞争均衡点的附近区域内，两个厂商的竞争行为可以近似看作图 6 – 8b 所示的情况。此时两个厂商的竞争行为近似于两个“整体弱势网络”之间的竞争，在图中所示的情况下，点 O 是稳定的共存均衡点。

6.3 网络经济中的兼容行为与策略

兼容行为不仅涉及兼容主动方的利益，还与兼容被动方的利益密切相关。应重点分析网络厂商获取兼容的主客观条件，也即重点分析约束兼容行为的外部和内部条件以及网络厂商的兼容动机。在两种情况下企业可以实现兼容：一种情况下厂商如果都具有兼容的动机，可以达成兼容协议实施兼容。所谓协议兼容是指网络之间为彼此兼容而达成协议，允许对方在一定条件下兼容己方网络而从己方网络的成长中受益，同时自身也可以分享对方网络成长的好处。当网络经济中的两个厂商进行竞争时，只有双方都具有兼容的动机，才有可能达成兼容协议。事实上本章的结论将显示，有时并不是两个网络都期望达成兼容协议。另外一种情况下是一方对另外一方的强制兼容行为。兼容虽然面临谈判困难，但往往也存在一些特殊途径可以绕过艰难的谈判，这种情况经常发生于间接网络效应中的技术兼容。在间接网络效应中，假定硬件厂商之间至少有一方反对而无法达成兼容协议，并且兼容被动方厂商对围绕在自己周围的软件厂商控制力有限。此时兼容主动方厂商可以通过与对方软件厂商之间的兼容协议或强行兼容，而达成与对方硬件厂商的兼容。如图 2 – 2 所示，在间接网络效应中，一个硬件厂商周围所围绕的软件厂商越多，其竞争力就越强。硬件厂商需要吸引软件厂商的加入，这导致硬件厂商对软件厂商的约束力往往强弱不一。如果一个软件厂商同时为两个硬件厂商服务，就有可能成为两个硬件厂商的兼容通道。兼容主动方通过吸引和拉拢围绕在对方硬件厂商周围的众多软件厂商，可以有效地瓦解兼容被动方所设置的兼容障碍。

因此兼容双方具有兼容的意愿只是兼容的有利条件而非必要条件。也就是说研究兼容不但要探究双方都具有兼容意愿的情况和条件，还要探究单方具有兼容意愿的情况和条件，而这正是本节着重讨论的问题。

此外兼容的实施还存在其他约束因素。即使网络双方都有意愿相互兼容，但并不意味着兼容协议一定可以达成，其中还包含一个利益分配的问题（side payment）。正如卡茨和夏皮罗（1992）所论述的："厂商可以坐下来谈判并且都支持建立统一标准，但却无法使用任何方式的利益分配机制实现这一凤愿。"此外，达成协议兼容并不意味着兼容双方已经完全达成了一致，协议兼容达成后还要支付大量的实施和监督成本。这些成本在性质上属于科斯（Coase）所界定的交易成本的范畴，交易成本的存在增加了实施协议兼容的难度，这些约束因素本节不再展开。

网络厂商的兼容动机是实现兼容的内在决定因素。兼容动机是内在的因，技术兼容则是内在的果，因此兼容动机才是兼容的内在决定因素。网络经济中的竞争更容易出现标准垄断或者"冒尖"现象。网络效应较强的网络如果不能完全驱赶相对较弱的网络，则有时希望通过实施和增强对对方的兼容性而获得垄断地位，但又担心较弱的网络通过反向兼容从己方网络获得较大的得益。而相对弱势网络为了谋求市场生存，往往希望尽可能地兼容相对强势网络并最低程度地被对方兼容，这就显示出网络厂商的矛盾心态。以下将对网络厂商的这种看似矛盾的兼容动机进行深入分析。

1. 研究思路

网络厂商的兼容策略服从于其最大化行为，因此必须从网络厂商的最大化行为出发，分析其兼容动机。新古典经济学通常假定厂商追求利润最大化，我们也遵从这一假定。根据前面的理论分析，网络厂商在追求利润最大化的过程中将考虑消费者的预期及其效用最大化问题。

如果网络标准竞争的结果是标准垄断，厂商的兼容策略也就无从谈起，因此两个网络获取兼容的前提是两个网络在兼容前和兼容后存在稳定的共存均衡。因此要研究网络厂商的兼容动机，必须回答的一个问题是：网络厂商在获取兼容前和获取兼容后，在哪些条件下可以取得稳定的共存均衡？只有对此问题进行深入剖析，才有可能看清网络厂商的兼容动机和兼容策略。

本章前面已经在"非对称兼容"假定下探讨了网络标准竞争存在

稳定共存均衡的条件，并将这些条件列于表6-5中。因此下面将着重探讨网络厂商在获取兼容前存在稳定共存均衡的条件，并以此为基础分析网络厂商的兼容动机。

2. 非兼容条件下网络标准竞争的稳定共存均衡

当两个完全不兼容的网络之间进行竞争时，描述共存均衡条件的命题6-1以及表6-5仍然适用，只要将b=0和d=0代入即可。此时网络标准竞争"退化"为非兼容情况下的竞争。由于不再具有兼容特性，网络分类也因此需要重新划分，为此可以依据网络效应系数的大小将非兼容条件下的网络分为"强网络"和"弱网络"两类。非兼容条件下的网络标准共存需要满足的条件如表6-6所示。

表6-6 非兼容条件下各类型网络之间存在稳定共存均衡的条件

网络B	网络A	
	强网络A，a>2	弱网络A，a<2
强网络B，c>2	NA	$(c-2)\|a-2\|>1$ $a-1>0$
弱网络B，c<2	$(a-2)\|c-2\|>1$ $c-1>0$	$\|(a-2)(c-2)\|>1$ $a-1<0$

注：NA代表不存在稳定的共存均衡点；阴影内的条件沿斜对角线对称。

结合表6-5和表6-6所示的不同兼容情况下，网络标准竞争存在稳定共存均衡的条件，以下将对不同类型网络的兼容策略进行系统分析。

3. "弱网络"之间的兼容策略

（1）"相对弱势网络"的"兼容冲动"。非兼容条件下，按照网络效应的强度可以将网络分为"强网络"（a或c>2）和"弱网络"（a或c<2）两类。如果两个网络同属一种网络类型，则网络效应系数较大的网络称为"相对强势网络"，相应的网络厂商称为"相对强势厂商"。而网络效应系数较小的网络称为"相对弱势网络"，相应的网络厂商称为"相对弱势厂商"。

对比表6－5和表6－6，我们可以发现，表6－5中的虚线框区域对应于表6－6中的虚线框区域；表6－5中虚线框以外的阴影区域对应于表6－6中的阴影区域。对这两个表进行对比分析，我们可以得到如下结论。

命题6－2：两个“弱网络”进行竞争时，如果“相对弱势厂商”不能在兼容条件下与“相对强势网络”谋求共存，就不可能在非兼容条件下取得共存均衡。因而“相对弱势厂商”有时会面临不采取兼容措施就将被“锁出”市场的困难局面，“相对弱势厂商”为了避免被逐出市场，存在对“相对强势网络”的“兼容冲动”。

命题6－2描述了“相对弱势厂商”的“兼容冲动”。这种冲动具体可以从两个方面加以理解：

第一，通过对上述两个表格虚线框部分的对比，非兼容条件下的共存均衡比兼容条件下的共存均衡条件更为苛刻。也就是说即使非兼容条件下不存在稳定共存均衡时，“相对弱势厂商”也可能通过兼容牟取与“相对强势厂商”的稳定共存均衡。

第二，如果不存在共存均衡，就意味着网络标准的垄断。有时我们无法准确判断究竟哪个网络将取得垄断地位。当我们没有更多办法精练多个纳什均衡时，焦点理论通常是最终的精练手段。此时有理由相信，“相对强势网络”在多数情况将成为理性预期消费者选择的“焦点”，而取得网络标准竞争的垄断地位。显然“相对弱势厂商”为了谋求市场生存，将首先谋求与“相对强势网络”的兼容。

（2）“相对弱势网络”的“谨慎兼容”。两个“弱网络”进行竞争，“相对弱势厂商”存在对“相对强势厂商”的“兼容冲动”，但这并不意味着“相对弱势厂商”一定会实施兼容策略。当命题6－2的情况出现时，“相对弱势厂商”将不会谋求兼容。

命题6－3：两个“弱网络”进行竞争时，如果“相对弱势网络”在非兼容条件下可以与“相对强势网络”取得稳定共存均衡（满足表6－6虚线框中的条件）。假定“相对弱势厂商”采取兼容策略后从对方网络获益有限，并满足式（6－16），此时“相对弱势厂商”将不谋求兼容。而“相对强势厂商”则追求兼容。如果兼容发生，这种兼容将是“相对强势厂商”的单向兼容。

$$cd < \frac{1}{1 + (2 - a)(c - 1)/ab(a - 1)} \tag{6-16}$$

命题6-3描述了"相对弱势厂商"存在"谨慎兼容"的动机。只有当式（6-16）中的小于号变为大于等于号时，"相对弱势厂商"B才具有"兼容冲动"。我们将式（6-16）右边分母中的 $(2-a)(c-1)/ab(a-1)$ 称为兼容"冲动系数"，根据表6-6所示的稳定共存均衡的条件，显然"冲动系数"大于零。当其值较小时，右式较大，"相对弱势厂商"的兼容动机减小。当"相对强势网络"A的兼容系数b较大时，"冲动系数"变小，式（6-16）右边变大，"相对弱势厂商"B的"兼容冲动"减弱。命题6-3的证明如下：

根据非对称兼容条件下网络厂商的反应函数式（6-14），可以得到非兼容条件下厂商A和厂商B的反应函数分别为：

$$x_B=(a-2)x_A+A,\ 以及\ x_A=(c-2)x_B+A \tag{6-17}$$

假定网络竞争存在共存均衡，根据式（6-14）和式（6-17），可以得到兼容条件下共存均衡点的坐标为：

$$\begin{cases} x_A^{*\prime}=\dfrac{(c-ab-1)A}{(1-cd)(1-ab)-(a-2)(c-2)} \\ x_B^{*\prime}=\dfrac{(a-cd-1)A}{(1-cd)(1-ab)-(a-2)(c-2)} \end{cases}$$

以及非兼容条件下均衡点的坐标为：

$$\begin{cases} x_A^{*}=\dfrac{(c-1)A}{1-(a-2)(c-2)} \\ x_B^{*}=\dfrac{(a-1)A}{1-(a-2)(c-2)} \end{cases}$$

假定网络B为"相对弱势网络"，如果厂商B偏好兼容，则兼容前后纵坐标比值需满足：

$$\frac{x_B^{*\prime}}{x_B^{*}}=\frac{(a-cd-1)[1-(a-2)(c-2)]}{(a-1)[(1-ab)(1-cd)-(a-2)(c-2)]}\geqslant 1$$

根据表6-5所示的共存均衡的条件，上式分母项大于零，将上式整理得到：

$$ab(a-1)>cd[1-(a-2)(c-2)-(a-1)(1-ab)] \tag{6-18}$$

又：$1-(a-2)(c-2)-(a-1)(1-ab)=ab(a-1)+(2-a)(c-1)$

根据表6-5所示的稳定共存均衡的条件，我们有：

$$a-1<0;\ 2-a>0;\ c-1<0$$

所以：$1-(a-2)(c-2)-(a-1)(1-ab)<0$

代入式（6－17）得：

$$cd \geqslant \frac{ab(a-1)}{ab(a-1)+(2-a)(c-1)}=\frac{1}{1+(2-a)(c-1)/ab(a-1)}$$

因此当式（6－16）得到满足时，弱势网络厂商 B 将不会谋求兼容。

为更直观地体现“相对弱势厂商”B 的“谨慎兼容”，我们可以通过图 6－10 加以说明。

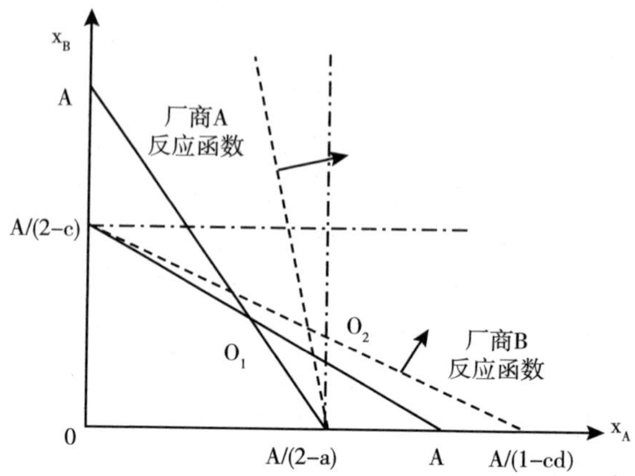

图 6－10 “弱网络”中弱势网络厂商的兼容动机示意

根据厂商在兼容和非兼容条件下的反应函数式（6－14）和式（6－17），同时结合“弱网络”的特性，可以将厂商 A 和厂商 B 的反应函数绘制如图 6－10 所示。图中从点（A/(2－a)，0）出发向左上方倾斜的是厂商 A 的两条反应曲线，实线代表兼容前的反应函数，虚线代表兼容后的反应函数。同理，从点（0，A/(2－a)）向右下方倾斜的两条曲线是厂商 B 的两条反应曲线。A/(2－a)＞A/(2－c) 说明网络 B 为“相对弱势网络”。

在非兼容的情况下点 O_1 是竞争均衡点。假定弱势厂商采取兼容策略，随着两个网络兼容性的增强，厂商各自的反应曲线分别沿着箭头的方向旋转，假定新均衡点为 O_2，从图中可以直观地发现厂商 B 的均衡产量降低了。显然厂商 B 作为“相对弱势厂商”不会主动谋求与“相对强势网络”A 的兼容。但由于厂商 A 通过兼容将获得更多的销量，因而存在主动兼容的动机。这形象地说明了命题 6－3 的结论。

我们可以发现，随着兼容性的增强，两个网络厂商的反应曲线沿着图示方向发生旋转，分别演变经历“整体弱势网络”和“外援型弱网络”两种网络类型，均衡情况可分别参见图6－8b、图6－7b和图6－6，因而得到的均衡点都是稳定均衡点。由此命题6－2也得到很好的阐释：“弱网络”之间竞争时，只要在非兼容条件下存在共存均衡，就一定在兼容条件下存在共存均衡，因而“相对弱势网络”存在“兼容冲动”。

观察图6－10可以发现，当“相对弱势厂商”克服式（6－16）所示的“谨慎兼容”区间后，如果“相对弱势厂商”的反应函数曲线在逆时针旋转过程中维持在横向点划线以上，“相对弱势网络”的市场将随着“相对强势网络”兼容性的增强而增加；如果在横向点划线以下，则相反。为此我们有以下推论：

推论：当“相对弱势厂商”克服“谨慎兼容”后，如果兼容得益系数较大并满足 $cd>1$，“相对弱势厂商”将会欢迎“相对强势厂商”进一步增强对己方的兼容性；如果“相对弱势厂商”的兼容得益系数较小，并满足 $cd<1$，“相对弱势厂商”将会厌恶“相对强势厂商”进一步增强对己方的兼容性。

推论说明“相对强势厂商”获得兼容性对“相对弱势厂商”有时是有利的，有时是不利的，单向兼容策略并不总是“相对弱势厂商”的最优策略。

4. “弱网络”和“强网络”之间的兼容策略

（1）“强网络”的“谨慎兼容”。假定网络A为“强网络”，因而满足 $a>2$；网络B为“弱网络”，因而满足 $c<2$。根据厂商在兼容和非兼容条件下的反应函数式（6－14）和式（6－17），同时结合各自的网络特性，绘制各厂商的反应函数如图6－11所示。

图6－11中，从轴点（$A/(2-a)$，0）向右上方倾斜的两条直线为厂商A的反应函数，实线部分是兼容前的反应曲线，虚线部分为兼容后的反应曲线。厂商B的反应曲线与图6－11中的描述一致。较为特殊的情况是，随着兼容性的增强，厂商A的反应曲线移动方向呈现分化。当“强网络”A通过兼容获得的得益系数 $0<ab<1$ 时，其旋转方向是从轴点（$A/(2-a)$，0）逆时针旋转而无限接近于横轴的垂线；当

ab >1 时，“强网络”演变为“全面型强网络”并随着得益系数的增加而顺时针旋转。①

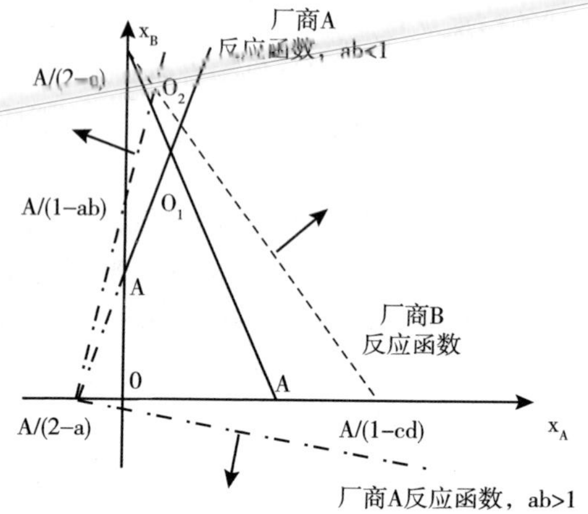

图 6－11 “弱网络”和“强网络”的兼容动机示意

根据图 6－11 所示，当“强网络”的兼容得益较小，并满足 ab < c－1 时，厂商 A 的市场销售将随着其兼容性的增强而减弱，此时兼容对“强网络”A 具有负面影响，“强网络”显示出“兼容谨慎”。此时“弱网络”B 却可以从兼容中获益，因而具有“兼容冲动”。为此我们得出命题 6－4。

命题 6－4：“弱网络”（c <2）和“强网络”（a >2）竞争时，如果“弱网络”能将“强网络”的兼容得益控制在较小范围（ab < c－1），那么“弱网络”将首选兼容策略，而显示出“兼容冲动”。此时“强网络”将努力回避兼容对方，而显示出“谨慎兼容”，同时欢迎对方兼容己方，因而从整体看，厂商之间的兼容将是“弱网络”对“强网络”的单向兼容。

命题 6－4 可以通过对比表 6－5 和表 6－6 进一步加以确认。对表 6－5 和表 6－6 中竖向深色阴影区域进行对比，可以发现只要满足

① 当 A 和 B 网络无法取得共存均衡时，市场焦点将是网络 A 获得全部市场份额，此时已经不存在兼容问题。但为了说明问题我们仍然假定存在虚拟的兼容，也就是说消费者深信尽管网络 A 处于垄断地位，但网络 A 具备随时对潜在的竞争对手网络 B 实施兼容的能力。因而点划线部分所代表的反应函数部分仍然具有经济学意义。

ab < c -1，并且两个网络在非兼容条件下可以获得稳定共存，就一定可以在兼容条件下获得稳定共存，因而“弱网络”存在“兼容冲动”。

只要我们能够合理解释“弱网络”可以对“强网络”的兼容得益进行控制，就足以说明命题 6 - 4 的发生具有现实土壤。这种情况并不少见，比如当“弱网络”具有知识产权，因而属于“发起网络”（sponsored network），而“强网络”没有知识产权归属而属于“非发起网络”（non-sponsored network）时，“弱网络”可以通过产权限制对“强网络”的兼容行为进行限制，但反向兼容却不存在限制机制，此时命题 6 -4 成立的条件较易达成。

（2）“强网络”的“兼容冲动”。如果命题 6 -4 的前提条件得不到满足，“弱网络”不能限制“强网络”的兼容能力，并满足 ab > c -1 时，“弱网络”将被“锁出”市场，依据焦点理论，“强网络”将垄断市场。为此我们有以下推论：

推论：当“弱网络”不能将“强网络”兼容得益控制在一定范围内（ab < c -1）时，“强网络”将具有“兼容冲动”。而“弱网络”将努力回避兼容，并显示出“谨慎兼容”。

命题 6 -4 和推论说明，“弱网络”与“强网络”进行竞争时，追求兼容的主导和控制权至关重要。如果“强网络”的兼容力受控，“弱网络”将主动与“强网络”兼容以获得其网络成长的好处，并避免“强网络”兼容己方所带来的竞争压力。反之如果“强网络”的兼容力不受控，“弱网络”将被“锁出”市场并对“强网络”的兼容力显现出恐惧。

6.4　兼容行为的案例研究：以音频 CD 网络与 APE 网络的兼容为例

6.4.1　案例的选择

为了通过一个案例说明应用理论分析的方法并对理论结论进行佐证，需要选取具有典型性案例，案例选取的标准包括：

首先，竞争的网络技术的产权归属于不同的企业或企业集团，如果不同的网络技术归属于同一个企业或企业集团，两个网络的兼容行为显然与这里探索的两个网络厂商分别实现利润最大化的假设矛盾。比如这里我们不能选取 CD 标准和 DVD 标准的兼容和竞争行为作为案例分析的对象。因为 CD 的知识产权归属与索尼和飞利浦两个企业的联盟（以下简称“索飞联盟”）。而 DVD 标准的知识产权归属于东芝领衔的 DVD 论坛组织（DVD Forum，包含 220 多家参与企业），其中索尼和飞利浦公司也是主要参与者。

其次，竞争的网络技术在功能上应当具有较大的相似性，以确保消费者从不同网络技术所获得的基本效用基本一致。这样可以使网络消费者的偏好更加符合本章模型中的设定，两个网络的区别主要来自网络效应项和兼容特性的不同。这里仍以 CD 标准和 DVD 标准的竞争为例，尽管作为两种数据存储技术具有一定的相似性，但音乐 CD 用于满足人们的听觉享受，视频 DVD 用于满足人们的视觉享受。

最后，两种标准在竞争过程中存在兼容行为，并且在可预见的未来呈现出较为稳定的共存状态，这更有利于我们洞悉不同网络厂商的兼容动机。当然两种网络技术还应满足其他一些基本条件，比如都是具有产权归属的发起技术等，在此不再赘述。

基于以上分析，我们将选取音频 CD 技术标准（而不是全部 CD 标准，CD 标准还包括数据 CD 等，见下面 CD 标准的演进中的介绍）和音频 APE 技术标准作为分析网络厂商兼容行为的案例。首先，使用这两个技术标准的用户都从各自网络规模的成长中不同程度地受益，从而显示出网络效应的特性。其次，这两种技术标准分别属于不同的企业或企业集团，并且现在处于并存状态。最后，他们在功能上具有高度的相似性，都是音频信息的记录手段，满足人们的听觉享受。

6.4.2 CD 网络和 APE 网络的发展概况

1. CD 标准的演进

1982 年“索飞联盟”推出音频 CD 记录格式以来，该标准一直在不断发展，并几经修订。1982 年的红皮书制定了 CD - DA 记录标准，主要应用于记录家电娱乐领域的数字音频，属于数字音乐记录标准。1985 年的黄皮书标准称为 CD - ROM，主要满足计算机和游戏领域对数据光盘的要求。1993 年的白皮书制定了 VIDEO CD 标准，用于数字化传播低清晰度的视频。当然，其中穿插着其他的一些标准修订进程，但与这里的分析关系并不密切。①

2. APE 标准的简介

APE 格式作为一种新兴的数字音乐记录标准，是目前因特网上高质量音频文件的主要传播格式。它是由一个名为 Matthew T. Ashland 的小公司（以下简称“M 公司”）开发的音频压缩格式，这一压缩格式是针对强大的微软 WAV 音频格式开发的。WAV 格式的音频文件可以无损压缩到 APE 文件，占用空间大约只有原文件的一半。将 WAV 格式压缩为 APE 格式的软件也是由这家小公司开发的，名为 Monkey's Audio。这一软件还可以实现相反的功能，即将 APE 文件 100% 地解压为原来的 WAV 文件。

在相当长的时间内，音频 CD 和计算机音频 WAV 是不兼容的，人们无法将音乐 CD 以数字文件的方式拷贝到计算机中，并以 WAV 格式进行存储和播放，直到一位德国学生开发出了名为 EAC（exact audio copy）抓轨软件。这款软件可以使用户利用微机上的光驱，将音乐 CD 无损地转化为 WAV 格式文件并存储到硬盘上。通过 Monkey's Audio 软件，WAV 文件还可以进一步地压缩为 APE 文件以减小占用空间，这极大地方便了各种音乐 CD 以无损的方式通过互联网传遍世界各地。

APE 格式被开发出来以后，在网络音频传播领域引起了巨大的轰动并取得了极大的成功。世界范围内迅速出现了 APE 音乐下载网站，比较著名的包括“Demonoid”“Rapid Share”“Share Big”以及“伊美姬”等音乐论坛。音乐爱好者们发现原先梦寐以求的浩瀚古典音乐宝库，竟然可以通过无损的 APE 格式，借助互联网免费下载到自己的硬盘上享受。DECCA、EMI、RCA、TELARC、飞利浦、索尼等著名唱片公司数十万计的古典和流行唱片等待着音乐爱好者去下载，而这些正版 CD 的价格通常都在 10 美元以上。人们可以用几块硬盘和“几兆”带宽的代

① https：//www. ixueshu. com/document/ba914dcac7f3775e9942748cd9ea5d30318947a18e7f9386. html。

价，获取过去需要近百万元才能建立的音乐宝库。

3. APE 格式发展的基石

（1）站在巨人的肩膀上。WAV 是微软开发的一种无损音频记录格式，在计算机领域一直占有举足轻重的地位。但其缺点也比较明显，由于体积较为庞大，这种格式并不方便用于互联网传播。如果用 Monkey's Audio 软件将 WAV 转变为 APE 格式，占用空间通常会缩减一半左右，从而促进了音频文件的网际传播。

（2）各大唱片公司对被动兼容的容忍为 APE 格式提供了巨大的应用舞台。各大唱片公司容忍了 APE 格式对自己音频 CD 的兼容行为，也即容忍了用户将音乐 CD 转化为 APE 格式存储到硬盘中，并进行播放、传播或刻录的行为。

（3）“索飞联盟”的暗中推动。由于 Monkey's Audio 可以将 APE 格式的文件逆向还原为 WAV 格式的文件，这就为其反向刻录为音乐 CD 奠定了基础，而“索飞联盟”适时推出了面向 PC 计算机的 CD 刻录机，由此推动了 CD 刻录机的出现和普及，这提高了从数据 CD 获得的收益。

（4）APE 格式的先天优越性。以上三点仅仅是客观环境因素，从根本上说，APE 存储格式所具有的无损性、高压缩率和高速度是其成功的内在因素。高速度是指应用 Monkey's Audio 软件进行压缩和解压十分迅速，极大地缩短了计算机的处理时间。

6.4.3 两个网络的竞争主体——厂商之间的关系

1. CD 网络中的厂商

CD 网络中的厂商由核心厂商和外围厂商组成。CD 网络具有典型的间接网络效应，各类厂商之间的关系并不像我们通常认为的那么简单。“索飞联盟”作为标准的制定者，是处于核心地位的厂商。而各大唱片公司、各大游戏厂商以及数据软件制作公司，作为软件的制作和发行厂商，属于围绕在这一标准周围的软件厂商。此外还存在第三类厂商——硬件生产厂商，他们负责生产能播放 CD 音频和数据光盘的播放器及相关部件。

"索飞联盟"的最大化行为是追求包括音频CD在内的CD标准的收益最大化，而各大唱片公司则是追求音频CD的收益最大化。作为核心厂商的"索飞联盟"，其收益来源较为广泛。各大软件厂商利用CD标准每发行一张音频、游戏或数据CD光盘，都要向"索飞联盟"交纳一定的标准使用费用，这一费用占到生产成本的20%左右。硬件生产厂商每生产一台硬件，都要向"索飞联盟"交纳一定的费用。这些费用涵盖了标准的使用费以及购买核心解码部件的费用。[①] 生产CD刻录光盘或压制CD光盘的厂商也需要向联盟交纳标准使用费。由此可见CD标准涉及的厂商是由"索飞联盟"主导的，由诸多外围厂商参与的复杂群体。

2. APE网络中的厂商

M公司开发出APE音频格式和专用压缩软件Monkey's Audio后，其源代码被部分公开，而Monkey's Audio软件则作为免费软件被下载和使用，以方便APE格式的应用和传播。虽然APE格式的部分源代码和压缩软件都是公开和免费的，但M公司保留了APE的核心技术及其所享有的知识产权。

M公司试图推动APE格式，并将其打造成为当今和未来一段时间最为流行的网络无损音频传播格式。当市场产生对APE便携播放器的需求时，M公司可以随时向便携播放器生产厂家索要APE格式的使用版权费。国内已经有昂达、台电和纽曼等便携播放器生产商在其随身听产品中，嵌入了对APE格式的支持。看起来M公司的形势大好，并且前途光明。

通过以上分析可见，音频CD与APE之间的竞争主体实际上是唱片公司和M公司之间的竞争，而"索飞联盟"作为CD标准的核心厂商将对唱片公司和M公司之间的竞争产生影响。唱片公司主要从音频CD中获取收益，是音频CD的捍卫者。而"索飞联盟"的收益趋于多元化，音频CD收入的减少往往伴随着数据CD收入的提高（下面将进行分析），其决策行为的依据是音频CD和APE网络的竞争进程是否会提高其音频CD和数据CD的综合收益，这将影响音频CD和APE之间的竞争。

---

① 世界上只有索尼和飞利浦生产CD播放器的核心解码芯片。

6.4.4 应用理论对两个网络相关参数的判定及对厂商兼容行为的预判

1. 对 APE 网络和音频 CD 网络的网络效应系数的判定

第一，APE 网络是网络效应相对较强的网络。APE 作为新兴和快速成长的网络，借助于互联网的先天优势，其传播速度和方便性比传统的 CD 网络更具优势，因而网络效应相对更大，属于“相对强势网络”，而 CD 网络作为发展相对成熟和进入发展稳定期的网络，其网络效应已经不像刚开始流行时那么强，属于“相对弱势网络”，据此可以判定网络效应系数 $a>c$。按照命题规定需要将 APE 网络称为相对强势网络，而将音频 CD 网络称为相对弱势网络。

第二，相互兼容的两个网络的网络效应系数均小于 1。可以采用反证法证明这一点。假定 APE 网络的网络效应系数满足 $a>2$。根据下面“对 APE 网络和音频 CD 网络的兼容系数的判定”中的分析我们可以断定 $b>0.5$，因而 APE 网络的得益系数 $ab>1$。根据表 6－5 所示，此时 APE 网络不可能与 CD 网络取得稳定的共存均衡，这与两个网络的并存事实相矛盾。因此我们断定 $a<2$ 和 $c<2$。依据 APE 网络与 CD 网络兼容后的平稳共存事实，并根据表 6－5 虚线框内所示的稳定共存均衡的条件，我们可以进一步断定 $a<1+cd$。APE 网络的发展虽然很大程度上得益于对 CD 网络的兼容，但 EAC 抓轨软件出现以前，APE 格式作为一种无损压缩音频格式就已经单独存在了，也就是说 APE 网络即使不与 CD 网络兼容也可以与其并存。根据表 6－5 虚线框内的均衡条件，我们进一步判定 $a<1$；又根据前面 $a>c$ 的分析结论，可以判定 $c<1$。

2. 对 APE 网络和音频 CD 网络的兼容系数的判定

APE 网络对音频 CD 具有较强的兼容性。APE 格式作为新进入市场并取得快速发展的音频技术标准，对音频 CD 标准有较强的兼容性。其兼容途径可以概括为：通过 PC 光驱利用 EAC 软件对音频 CD 进行抓轨，转变 Windows 的 WAV 无损格式，然后在通过 Monkey's Audio 软件将其转化为 APE 格式。通过从 APE 格式到 WAV 格式的逆向解压，人们可以应用 NERO 等刻录软件将 WAV 格式的音频文件重新刻录为音频 CD。M 公司正是通过 EAC 和 Monkey's Audio 以及 NERO 等几个 PC 软件实现了对音频 CD 的兼容。APE 标准通过对音频 CD 标准的兼容从 CD 网络中得益，对应于前述理论部分的分析，反映为其兼容系数 b 相对较大。APE 网络从音频 CD 网络中获得巨大的好处。这是因为音频 CD 的历史资源非常丰富，直到今日 CD 唱片依然是记录和传播人类音乐文化的主要手段。数以百万种的录音以音频 CD 的方式记录下来。APE 网络对音频 CD 的兼容只存在微小的瑕疵。[①] 因此可以确认 APE 网络对音频 CD 网络的兼容系数较大，并满足兼容系数 b 较大并且接近 1。

音频 CD 网络对 APE 网络的兼容系数很小。作为音频 CD 的主要生产商，各唱片公司依靠签约音乐团队或者通过支付劳务费的方法获取原始录音，如果从 APE 网络获取发行音源通常会遭到音频原发行唱片商的起诉，因而基本无法从 APE 网络的快速成长中获取音源。据此可以判断音频 CD 网络对 APE 网络的兼容系数 d 很小，并且近乎接近于 0。

综合上述分析可以断定 APE 网络对 CD 网络的兼容系数比反向的兼容系数更大，也即 $b > d$。

3. 根据命题对两个网络的兼容行为的预判

第一，根据命题 6－2 可以判定 APE 网络将主动谋求与音频 CD 网络的兼容。由于 APE 网络和音频 CD 网络的网络效应系数 a 和 c 均小于 1，因而两个网络属于命题所规定的弱网络。由于 $a > c$，因而可以进一步判定音频 CD 网络是命题规定的相对弱势网络。根据命题 6－2 所示，相对强势厂商 M 公司将追求与音频 CD 网络的兼容。根据图 6－10 所示，此时相对强势网络 APE 网络的市场规模将因此而扩大。

第二，根据命题 6－2 可以判定唱片网络厂商反对 APE 网络对己方网络的兼容。根据上面的分析，由于音频 CD 对 APE 网络的兼容系数 d 接近于零，并且其网络效应系数 $c < 1$，因而必然满足 cd 趋近于 0，因而式（6－16）得到满足，命题 6－2 显示此时音频 CD 网络将尽量避免 APE 网络对己方网络的兼容，显示出“谨慎兼容”的特性。如果兼容不可避免，这种兼容也将是被动的容忍，绝不可能出现音频 CD 网络主

① 下面将对此进行分析。

动谋求与 APE 网络兼容的可能。图 6－10 所示的比较静态分析图可以直观地观察到这一结论。

第三，根据兼容的内外部约束理论，单向兼容是可以发生的。根据前述第二部分的分析，协议兼容仅仅是网络兼容的有利条件而非必要条件，即使一方反对兼容，单向兼容还是有可能发生的。也就是说尽管音频 CD 网络对 APE 网络的兼容系数 c 接近 0，并且反对 APE 网络对己方网络的兼容，但是兼容还是可以发生的。

6.4.5 理论与现实的统一

以下将通过音频网络和 APE 网络中各厂商的兼容行为，论证根据理论做出的预判与音频 CD 网络和 APE 网络的现实竞争行为相符。

1. M 公司的兼容行为

M 公司获得了对音频 CD 网络的高兼容。APE 格式作为新进入市场并取得快速发展的音频技术标准，对音频 CD 标准有较强的兼容性。其兼容途径可以概括为：通过 PC 光驱利用 EAC 软件对音频 CD 进行抓轨，转变 Windows 的 WAV 无损格式，然后再通过 Monkey's Audio 软件将其转化为 APE 格式。通过从 APE 格式到 WAV 格式的逆向解压，人们可以应用 NERO 等刻录软件将 WAV 格式的音频文件重新刻录为音频 CD。M 公司正是通过 EAC 和 Monkey's Audio 以及 NERO 等几个 PC 软件实现了对音频 CD 的兼容。APE 标准通过对音频 CD 标准的兼容从 CD 网络中得益，对应于前面理论部分的分析，反映为其兼容系数 b 相对较大。APE 网络从音频 CD 网络中获得巨大的好处。这是因为音频 CD 的历史资源非常丰富，直到今日 CD 唱片依然是记录和传播人类音乐文化的主要手段。数以百万种的录音以音频 CD 的方式记录下来。APE 网络对音频 CD 的兼容只存在微小的瑕疵。①

2. 唱片公司的兼容行为

唱片公司容忍了音频网络对己方的单相兼容。根据上面的分析，唱

① 下面将对此进行分析。

片公司没有设法从APE网络的成长中获得好处，表现出了“谨慎兼容”。APE网络的兼容行为实际上损害了唱片公司的利益，在音频CD兴起的初期，其高水平的音质和便携性使其战胜了黑胶唱片，CD唱片的发行量剧增。然而由于APE网络的兴起和广泛传播，满足了很多音乐爱好者对音乐资源的渴求，人们用于购买唱片的数量总体逐步递减，唱片公司的收益由此受损。一方面，由于担心其他唱片公司的法律诉讼，唱片公司不能从APE网络免费获取发行CD的音源。另一方面，由于网络APE的初始传播者是遍布全球的音乐爱好者，唱片公司无法起诉数量如此之多的传播者。维权成本过高使唱片公司只能在最大限度内容忍APE网络对己方的单向兼容扩张。

唱片公司属于被动兼容还有另外的证据。唱片公司对APE网络进行了反击，反击的对象不是发布APE的主体，而是传播APE种子资源的网站。最近由于加拿大唱片工业协会（Canadian Recording Industry Association，CRIA）的干预，使得“Demonoid”在加拿大的服务器被迫关闭。“Demonoid”位于加拿大的，也是唯一的一个服务器被关闭。超过100万个APE格式的音乐BT种子文件从此不复存在。这证明唱片公司的确在反对APE网络的单向兼容。

3. “索飞联盟”的行为

“索飞联盟”是上述单向兼容的暗中推动者。“索飞联盟”正从APE格式对其音频CD的兼容和广泛传播中受益。CD标准并不仅仅包括音频CD标准，还包括数据CD。即使音频CD的收入因APE网络的成长而受损，但“索飞联盟”从APE网络成长中获得的综合收益却提高了。一方面海量的APE音频被终端客户下载，并被刻录成为音频CD或者数据DVD保存，这使得PC光驱和刻录机的销量大增，目前已经远远超过了家庭娱乐播放器的销量。虽然当前DVD刻录机几乎淘汰了CD刻录机，但由于每台DVD刻录机对CD标准是全兼容的，“索飞联盟”仍然继续向硬件播放器生产商收取CD标准和核心解码芯片的使用费。另一方面，音频CD和APE文件的刻录需要大量的CD ± R和DVD ± R刻录盘片，盘片生产商的标准使用费为“索飞联盟”提供了第二个收入来源。

“索飞联盟”并不需要为APE网络对音频CD网络的兼容行为付出

成本。由于构成兼容链条的 EAC、Monkey's Audio 和 NERO 软件都与“索飞联盟”无关，“索飞联盟”不需要为 APE 格式存在的，对唱片公司的侵权行为负责。唱片公司可以根据自己的意志决定是否对提供 APE 音乐的传播平台：比如对“Demonoid”“Rapid Share”“Share Big”以及“伊美姬”等音乐论坛提起侵权诉讼。事实上“索飞联盟”推出的 PC 刻录机大大推动了 APE 对音频 CD 的兼容进程。

以上分析都说明“索飞联盟”没有拒绝 APE 网络对 CD 网络实施兼容的理由，并且会在不违反与唱片公司协议的前提下暗中推动 APE 网络对音频 CD 网络的兼容。

6.4.6 对竞争网络未来发展的预期

音频 CD 网络和 APE 网络未来的发展尽管充满变数，这里仍试图对其未来发展进行展望。

1. 对音频 CD 网络发展的预期

APE 标准的微小瑕疵。虽然 APE 作为一种无损音频格式对音乐 CD 的兼容是空前的，但是由于兼容环节上的细微瑕疵、音频 CD 欣赏的特殊性以及音频 CD 销售对象的特殊性，使唱片公司的销售并没有受到多大的影响。

微小瑕疵的影响。APE 兼容过程中的主要瑕疵来自 APE 格式解压还原为 WAV 格式后的刻录过程。实践证明，将原版音频 CD 抓轨形成 WAV 文件存储于 PC 机中，将 WAV 文件在 PC 机上压缩为 APE 格式，以及 APE 文件被逆向解压还原为 WAV 文件的三个过程中几乎没有损失。当音乐爱好者想把计算机上的数字音乐文件刻录为音频 CD 时，由于刻录过程中存在着不可避免的时基抖动（Jitter），并且 CD 写入盘片的质量对刻录的音质有较大的影响，使得刻录出来的音频 CD 放到高保真音响系统中进行聆听时，音质会明显逊色于原版音频 CD，甚至是盗版音频 CD。并且高档的音频 CD 专用刻录盘片，比普通数据刻录用 CD 片贵数倍甚至十数倍，但刻录后仍无法达到工厂母盘压制得到的音频 CD 的效果。

不可克服的微小瑕疵。为克服以上刻录过程存在的细微瑕疵，有人倡议并不需要对无损 APE 进行刻录还原，而只需将 PC 机上的高端声卡接入高保真音响系统。但事实上这样也是不可行的。首先，这需要购买高档声卡和解码器，比如价值几千元的高端专业声卡和超过万元的解码器，这会大大提高听音者的成本。其次，由于体积所限以及 PC 机内的强磁干扰和供电整流等固有缺陷，这些高端声卡的播放效果，与传统的中高档音频 CD 播放机的效果相比仍然有明显差距。为此我们可以判定：虽然 APE 对音频 CD 的兼容系数较大，但并不是完美的兼容。

音乐欣赏和 CD 唱片销售对象的特殊性。为何这种细微的瑕疵会产生如此重大的影响呢？因为音乐鉴赏者和“音乐发烧友”的音乐系统和听力是十分敏感的系统。在较好的音响播放系统中，甚至更换一条音频线、音箱线或者电源线，都会产生可闻的变化。① 因此 APE 的出现虽然满足了普通音乐爱好者的欣赏要求，却远远不能满足音乐鉴赏者和“音乐发烧友”的要求，而后者正是唱片公司正版 CD 的销售对象。普通音乐爱好者在 APE 流行以前可能更青睐盗版光盘，APE 的出现只是在很大程度上打击了盗版光盘的市场和生存空间。

唱片公司的算盘。国际上的音乐鉴赏者数量众多，似乎足以支持唱片公司的继续发展。只有更高级的音频 DVD 技术才能对音频 CD 产生威胁，但唱片公司也可以在其技术成熟的时候随时改变选择。此外发行 CD 唱片并不是唱片公司的唯一收入来源，对签约乐团和歌手的演奏会、演唱会和广告收入进行分成，也是唱片公司的收入来源，而带有微小瑕疵的 APE 音频文件的传播有利于这些创收方式创造更多的财富。

历史积淀的优势。作为最早的数字音频标准，CD 标准经过将近 30 年的发展，具有雄厚的历史积淀。其最大的财富在于，很多珍贵的历史录音均是以这一标准记录的。CD 标准利用自己丰厚的历史积淀，与 APE 等新兴网络标准在相互兼容中谋求共同发展。DVD 标准作为 CD 标准的继任者，完全兼容音频 CD 标准，因而其发展并不立刻排斥 CD 标准的存在和发展。

基于以上分析可以判断未来音频 CD 网络虽然面对 APE 网络的侵蚀，但仍具有一定的竞争优势，音频 CD 网络标准仍将长期存在。

---

① 这也是为何我们可以在以下网址里发现每条价值几千元的各种品牌的天价音频连接线如此热卖和热销，而这还仅仅是我国二手音响器材网上交易论坛中的一个。http://hifi.gxcnc.net/hifidb/sort.html? h = 1&type_ x = intercon。

2. 对 APE 网络发展的预期

APE 标准的发展仍然存在着挑战。这一挑战并不是来自音频 CD 网络，音频 CD 并不会驱逐 APE。与其功能更为相似的无损压缩格式，比如 FLAC 格式将是它面临的主要挑战。由于 APE 网络标准的源代码处于半公开状态，它必须在网络技术上不断进步，以更小的占用空间和更快的压缩速度面对可能产生的新挑战。

APE 标准嵌入播放器的影响。M 公司的收益当前仍十分有限。M 公司可以向那些将 APE 标准嵌入随身播放器的硬件生产商收取标准使用费。如果微软的 Windows Media Player 软件播放器嵌入对 APE 格式的支持，M 公司还可以向微软收取适当的标准授权使用费。M 公司的这两项潜在的盈利来源对音频 CD 网络的影响不大①，但却会增加 APE 网络的网络效应系数 a。在图 6－10 中表现为 M 公司反应曲线向右旋转②，而唱片公司的反应曲线则基本不动，说明 M 公司在市场增加的同时，会略微减小唱片公司的均衡销量。③

6.4.7 案例小结和启示

在本案例分析中，我们结合音频 CD 和 APE 两个网络技术标准的成长历史以及网络厂商之间的复杂关系，分析了二者之间的兼容和竞争行为。

案例分析说明，基于新古典框架得到的兼容理论对现实具有解释力。相关理论和命题，不但可以应用于分析现实中网络厂商的竞争行为，还可以对网络厂商未来的竞争行为以及网络的发展前景做一些前瞻性分析，尽管这种分析可能并不充分或存在一定的不足。

案例分析同样说明，兼容受到外部和内部约束因素的共同影响。即使从外部约束因素来看协议兼容难以达成，兼容主动方也可以取得与兼

---

① APE 嵌入随身播放器，一方面可能会略微降低唱片公司的利润，另一方面可能会略微减少对刻录消耗品的需求。

② $d\left(\frac{a-2}{1-ab}\right)\Big/da=\frac{1-2b}{(1-ab)^2}<0$，因而随着 a 的增加，M 厂商的斜率变小并为负值。

③ 事实上 CD 网络也并不一定减小，因为 CD 网络不仅仅与 APE 网络进行竞争和兼容互动。

容被动方的兼容。

尽管本案例没有直接验证命题6－2，但却从侧面印证了理论的适用性。这是因为相对弱势的网络追求与相对强势网络似乎更符合人们的直觉，而且现实中也存在大量这样的案例，而本案例验证了相对弱势网络不追求与相对强势网络的兼容，这恰恰说明了命题6－2和命题6－3具有理论分析的完备特性。

本案例的研究结论带给我们一个启示：在间接网络效应中，若干软件厂商（比如唱片公司）围绕着核心厂商（比如“索飞联盟”），在技术联盟成立的初期，核心厂商不会损害软件厂商的利益，但随着技术的演进核心厂商有可能协助软件厂商的竞争对手出卖软件厂商的利益。因此软件厂商在加入联盟之时就应该预期到这一点，并在联盟规制中对硬件厂商未来的行为进行约束。

第 7 章　网络技术进步与旧技术平台的关闭策略

网络技术进步是一个新鲜和重要的研究领域。尽管市场进入时间、在位技术的安装基础、消费者预期、历史偶然事件、网络厂商的定价策略以及网络拓扑关系等因素对网络竞争都存在重要影响，但谋求领先的网络技术仍是网络竞争的关键所在。技术进步是技术的基本属性，也是厂商获得技术优势的基本手段，然而回顾历史文献我们却惊奇地发现：尽管前人围绕“网络标准竞争”课题进行过诸多扩展研究，但只有极少数学者曾对“网络技术进步”展开过专题研究，具体表现为绝大多数研究模型中的网络技术被假定为固定不变。

现有关于网络技术进步的研究并不完备和充分。崔（Choi，1994）探讨了网络技术进步具有不确定性的情况下厂商技术选择行为的社会福利问题。从研究方法看，他所描述的网络效应是厂商之间技术选择的协同效应，并没有考虑消费者的最大化行为。夏伊（1996）探讨了消费者有限生命条件下的技术选择问题。但他所研究的技术竞争是同一厂商所推出的新技术与旧技术之间的竞争，而不是不同厂商的网络技术之间的竞争。本章将基于第 6 章的基本模型，同时考察消费者和厂商的最优行为，这区别于崔（1994）的研究；同时本章阐述的是不同网络厂商之间包含技术进步在内的竞争问题。这不同于夏伊（1996）对某一网络厂商的新旧技术竞争问题的研究。

该研究领域仍有较多问题尚待解答，比如：网络厂商是否总是具有推出技术进步的积极性？网络厂商的技术进步是否可以自发获得市场的认可？为何一些情况下网络厂商推出新一代网络技术后会迅速关闭旧技术平台，而在另外一些情况下却会长期保留旧技术平台？这些问题无疑具有重要的理论和现实意义。本章的研究目的即在于尝试回答这些问题。为此本书试图在第6章基础模型的基础上，通过考察消费者和厂商的最大化行为，对网络技术进步前后的状态进行比较静态分析，进而阐明上述几个问题。

本章将以第6章的相关结论为基础①，集中探讨两种不同性质的网络技术进步："网络效应项技术进步"和"基本效用项技术进步"。为此需要从网络消费者的效用最大化行为②和网络厂商的利润最大化行为出发，分别考察两类网络技术进步的实现条件和社会福利问题，并辅以具体案例对本章的主要结论加以佐证。通过分析可以发现这两种类型的网络技术进步具有相同的实现条件和不同的福利影响。在某些特殊情况下，网络厂商甚至会显示出推出网络技术进步的惰性。

网络厂商通过技术研发行为获得网络技术进步，并根据竞争需要进行提前宣告。但网络厂商推出的网络技术进步是否一定能得到消费者的认可而获得成功呢？社会管理者对网络技术进步应持有怎样的态度？这是研究网络技术进步无法回避的两个问题，也是本章研究所要回答的两个问题。

7.1　模型假定和相关说明

7.1.1　模型的基本假定

本章仍然沿用第6章基本模型，从网络竞争的共存均衡出发进行比较静态分析。但是比较静态分析的对象不再是第6章研究兼容行为与策略时的兼容系数，而是与技术进步有关的相关变量。本章第1节和第2节仍将引用第6章基本模型的一些研究结论，这些引用看起来是简单重复，但是这些重复是有挑选的，挑选的这些重复内容使得本章接下来的比较静态分析不用再逐一说明跨章节的引用关系，使逻辑显得更为明晰和流畅。

① 即假定网络标准竞争已经达成稳定的共存均衡，继而竞争中的某一方获得外生的网络技术进步。

② 网络中消费者的效用最大化与消费者剩余最大化是一致的，下文对此加以证明。

1. 消费者的效用函数

简要重复一下第 6 章基本模型中对消费者效用函数的假定。假定网络 A 和网络 B 是竞争中的两个网络，各网络中消费者的效用函数表述为：

$$\begin{cases} U_A(x_A^e,\ x_B^e) = r + a(x_A^e + bx_B^e) - p_A \\ U_B(x_A^e,\ x_B^e) = r + c(x_B^e + dx_A^e) - p_B \end{cases} \tag{7-1}$$

效用函数分为三项，第一项 r 代表网络产品带给消费者的“基本效用”，该项与网络规模无关，r 在（$-\infty$，A）上服从均匀分布。第二项代表网络产品带给消费者的“网络效应”，其中 a 和 c 分别代表网络 A 和网络 B 的网络效应系数，表示不同网络的网络效应强弱不同。b 和 d 代表非对称的兼容系数，为了显示某网络的用户主要从该网络受益，这里设定 $0 \leqslant b < 1$，$0 \leqslant d < 1$。x_A^e 和 x_B^e 分别代表理性预期的消费者对两个网络均衡产量的预期。ab 和 cd 定义为得益系数，表示从对方网络规模受益的强弱。第三项 p_A 和 p_B 分别为两个网络的产品价格。虽然以上对效用函数中相应参数的异质设定显得较为复杂，但相对于多数网络竞争模型而言却更具一般性。

2. 消费者和厂商的行为和信息

（1）网络消费者追求效用最大化，也即追求消费者剩余最大化。①

（2）网络厂商追求利润最大化。

（3）网络消费者和网络厂商具有理性预期。

（4）网络厂商不存在串谋和价格歧视行为。

（5）网络技术进步前后，两个网络存在稳定的共存均衡。②

3. 其他假定

（1）市场可以及时出清，消费者重新选择网络不存在转移成本。

---

① 网络消费者在追求效用最大化的同时将实现消费者剩余的最大化，下文将给出相关证明。

② 这里将研究对象进一步限定为网络共存条件下的网络技术进步问题，原因在于垄断厂商总可以利用其市场势力推出有利于自身的技术进步，这一简单的逻辑关系使我们更关注网络共存条件下的技术进步问题。网络稳定共存均衡的具体条件和详细证明过程可见邢宏建和臧旭恒（2008a）的论述，以下论证均以网络共存为论述前提，不再进行过多解释和赘述。

（2）网络厂商在不同时间推出新的网络技术。事实上如果市场可以及时出清，网络技术进步几乎不可能在同一时间点推出。不失一般性，以下假定厂商 A 首先推出网络技术进步。

从总体上看，以上假定多属于微观经济学的基本或惯用假定。

7.1.2　对技术进步的约定

1. 外生的网络技术进步及其分类

本章论述的是外生的网络技术进步，这是因为法雷尔和沙龙纳（1986）、德兰诺夫和甘达尔（2003）的研究文献显示，对网络技术进步实行提前宣告是网络厂商谋求竞争优势的有效手段。如果网络厂商具有提前宣告的冲动，并且存在惩罚机制对网络厂商的虚假宣告进行惩罚，则网络技术进步将成为公共信息而变为外生变量。此外，崔（1994）和夏伊（1996）的研究对象也都是外生的网络技术进步。本章将那些引起消费者效用函数中“基本效用项” r 发生变化的技术进步称为“基本效用项技术进步”，而将那些引起“网络效应系数” a 或 c 发生变化的技术进步称为“网络效应项技术进步”。[①]

2. 网络技术进步的评价标准

第一，如果网络技术进步会降低技术进步方的利润，则技术进步方将不会向市场推出这种技术进步。本章将这种情况称作“推出网络技术进步的惰性”。第二，如果网络技术进步可使技术进步方获得更多利润，并使消费者效用和消费者剩余增加，那么即使旧技术平台被保留，消费者也会选择新技术，也即技术进步可以通过市场自发实现。本章将这种情况称作“可以自发实现的网络技术进步”。第三，如果网络技术进步在使技术进步方获得更多利润的同时妨碍了消费者效用和消费者剩余的最大化，如果旧技术平台被保留，消费者将不会自动选择这种新技术而宁肯维持选择旧技术，也即技术进步将无法通过市场自发实现。此时技术进步方具有关闭旧技术平台而强行推出网络技术进步的动机，本章将

① 这种分类方式是依据网络效应的技术属性划分的，详细可见第 6 章的论述。

这种情况称作“强制实现的网络技术进步”。

7.2 基本模型

7.2.1 网络技术进步的表述

1. 两种类型的网络技术进步

根据前面所述，消费者从网络产品中获得的效用可以划分为网络效应项和基本效用项。网络厂商的技术进步表现为两种类型。

第一，在直接网络效应中，网络厂商可以通过技术进步增加网络节点之间的联系通道或改善原有网络联系的质量；在间接网络效应中，网络厂商可以通过技术进步加强网络“正反馈”机制的关键环节。这些网络技术进步将使消费者效用函数中网络效应项的函数形式发生改变。我们称这种网络技术进步为“网络效应项技术进步”。

第二，有些网络技术进步并不改变兼容系数或网络效应项的函数形式，但却使消费者从网络产品中获得更多的基本效用，这类网络技术进步可称为“基本效用项技术进步”。

2. 网络技术进步与消费者效用函数

假定网络厂商 A 和 B 在第一代网络技术的竞争中已经达成竞争均衡，而后某一方向市场推出其二代网络技术。网络消费者可以准确预期网络技术进步的性质和幅度。按照网络技术进步的不同性质，分两种情况。

（1）网络技术进步进入网络效应项。假如网络 A 发生了“网络效应项技术进步”，而网络 B 的技术维持不变。消费者的效用函数中对应的“网络效应项”发生了改变，由 $v_A(x)$ 分别变为 $v'_A(x)$，并且满足 $v_A(x) < v'_A(x)$，以体现出技术进步带来的效用增加。消费者的效用函数由技术进步前的：

$$\begin{cases} U_A(x_A,\ x_B) = r + v_A(x_A^e + bx_B^e) - p_A \\ U_B(x_A,\ x_B) = r + v_B(x_B^e + dx_A^e) - p_B \end{cases}$$

修正为网络A获得技术进步以后的效用函数：

$$\begin{cases} U'_A(x_A,\ x_B) = r + v'_A(x_A^e + bx_B^e) - p_A \\ U_B(x_A,\ x_B) = r + v_B(x_B^e + dx_A^e) - p_B \end{cases} \tag{7-2}$$

因为厂商B没有获取技术进步，所以消费者对网络B的效用函数形式不变。

（2）网络技术进步进入“基本效用项”。假如网络厂商A发生了“基本效用项技术进步”，选择网络A的消费者可以得到额外的基本效用Δr，消费者的效用函数将由技术进步前的：

$$\begin{cases} U_A(x_A,\ x_B) = r + v_A(x_A^e + bx_B^e) - p_A \\ U_B(x_A,\ x_B) = r + v_B(x_B^e + dx_A^e) - p_B \end{cases}$$

修正为：

$$\begin{cases} U'_A(x_A,\ x_B) = r + \Delta r + v_A(x_A^e + bx_B^e) - p_A \\ U_B(x_A,\ x_B) = r + v_B(x_B^e + dx_A^e) - p_B \end{cases} \tag{7-3}$$

因为厂商B没有获取技术进步，所以消费者对网络B的效用函数形式不变。

7.2.2　厂商的反应函数和消费者剩余

1. 反应函数

从网络消费者和网络厂商的最大化行为出发[①]，根据公式推演可以得到厂商A和B的反应函数和均衡点坐标分别为[②]：

$$\begin{cases} x_B = \dfrac{a-2}{1-ab}x_A + \dfrac{A}{1-ab} \\ x_A = \dfrac{c-2}{1-cd}x_B + \dfrac{A}{1-cd} \end{cases} \tag{7-4}$$

$$\begin{cases} x_A^* = \dfrac{(c-ab-1)A}{(1-cd)(1-ab)-(a-2)(c-2)} \\ x_B^* = \dfrac{(a-cd-1)A}{(1-cd)(1-ab)-(a-2)(c-2)} \end{cases} \tag{7-5}$$

① 消费者追求效用最大化，厂商追求利润最大化。

② 该部分的详细论述可见第6章。

2. 消费者剩余

这里将探讨消费者的最优行为问题，进而引申出消费者的这种最优行为对网络技术进步的实现有什么影响。也就是探讨在网络标准共存的前提下，消费者在追求消费者剩余最大化过程中，对网络技术进步的选择问题。

根据对消费者效用的假定以及前面式（6－7）所示，两个网络取得共存均衡时，基本效用为 r 的消费者进入市场无论选择哪个网络，他们的效用都可以表述为：

$$U_A(x_A^e,\ x_B^e)=U_B(x_A^e,\ x_B^e)=r+v_A(x_A^e+bx_B^e)-p_A$$
$$=r+v_B(x_B^e+dx_A^e)-p_B=r-\phi$$

又根据式（6－8）所示，进入市场的人数 $z=A-\phi$，因而有：

$$U(x_A^e,\ x_B^e)=r+z-A$$

并且只有 $U(x_A^e,\ x_B^e)\geqslant 0$ 的消费者才会进入市场进行选择。也就是满足 $r\geqslant A-z$ 的消费者才进入市场。由于 r 服从（$-\infty$，A］的均匀分布，消费者剩余可以表示为①：

$$S=\int_{A-z}^{A}(r+z-A)\,dr=\frac{z^2}{2} \qquad (7-6)$$

可见消费者剩余 S 只与两个网络的总体规模 z 相关，且呈同向变化。进入市场的总人数 z 取得最大值时，消费者剩余 S 取得最大值。上式可以解读为：消费者追求消费者剩余最大化与追求进入人数最大化是等价的命题。结合本章开始所证明的消费者追求效用最大化与追求消费者剩余最大化是一致的，可以发现消费者追求效用最大化与追求总体网络规模最大化也是等价的命题。这一诉求将体现于消费者对网络技术进步的理性预期和选择之中。

7.2.3 网络共存条件下消费者剩余的最大化

参照卡茨和夏皮罗（1985）的论述，两个网络 A 和 B 共存于市场之中，需满足以下条件：

① 消费者剩余的推导过程参考了卡茨和夏皮罗（1985）的论述。

$$p_A - a(x_A^e + bx_B^e) = p_B - c(x_B^e + dx_A^e) = \phi = A - z \tag{7-7}$$

上式中 ϕ 表示消费者在扣除网络效应后必须支付的价格，或者说消费者为获得网络产品的基本效用而必须支付的价格。$z = x_A + x_B$ 表示两个网络的总体规模。消费者剩余为：

$$S = \int_{A-z}^{A} (r + z - A)\,dr = \frac{z^2}{2} \tag{7-8}$$

可见消费者剩余 S 与两个网络的总体规模 z 同向变化。z 取得最大值时，消费者剩余 S 取得最大值。ϕ 越小，市场进入的人数 $z = A - \phi$ 越大，处于网络中的消费者的效用 $U = r - \phi$ 越大。因而消费者在追求效用最大化的同时也在追求网络总体规模 z 的最大化，也即追求消费者剩余的最大化。网络中消费者剩余最大化和消费者效用最大化是等价的命题。

7.2.4　网络厂商的反应类型和分类

1. 反应类型

根据以上网络厂商反应函数的特性，可以将网络厂商的反应关系分为以下两种类型。

（1）互补型反应。如果厂商 A 对厂商 B 增加（或减小）产量的最优反应是同时增加（或减小）产量，或者说厂商 B 增加（或减小）产量将促进厂商 A 产量的增加（或减小），则对厂商 A 而言，厂商 B 是互补型反应。如果反之也成立，我们称两个厂商互为互补型反应。

（2）替代型反应。如果厂商 A 对厂商 B 增加（或减小）产量的最优反应是同时减小（或增加）产量；或者说如果厂商 B 产量增加（或减小）将促使厂商 A 市场萎缩（或扩张），则对厂商 A 而言，厂商 B 是替代型反应。如果反之也成立，我们称两个网络互为替代型反应。

2. 网络的分类

依据厂商反应函数的特性，可以将竞争网络分为表 7－1 所示的四种类型。根据式（7－4）判断，表 7－1 中的“全面型强网络”和“整体弱势网络”具有替代型反应关系，“自立型强网络”和“外援型弱网络”具有互补型反应关系。

表 7－1　　竞争网络的分类

网络效应系数	得益系数	
	>1	<1
>2	全面型强网络	自立型强网络
<2	外援型弱网络	整体弱势网络

一些情况下，厂商 A 将不存在推出技术进步的动机。我们称之为“推出网络技术进步的惰性”。这种推出新技术的惰性并不意味着厂商 A 将放弃网络技术进步的研发，而是指特定条件下厂商 A 推出新技术，不利于自身网络规模的成长，从而无法实现利润最大化的目标。

7.3　推出网络技术进步的惰性

7.3.1　推出“网络效应项技术进步”的惰性

如图 7－1 所示，当网络 A 属于“自立型强网络”，而网络 B 属于“整体弱势网络”时，对厂商 A 反应函数的斜率求导得到[①]：

$$\frac{dk_A}{da}=\left(\frac{a-2}{1-ab}\right)'_a=\frac{1-2b}{(1-ab)^2}>0$$

如图 7－1 所示，如果厂商 A 推出“网络效应项技术进步”，只要其网络类型不发生改变，随着网络 A 网络效应系数 a 的增加，其反应曲线将沿着箭头所示方向逆时针旋转，在纵坐标的截距也将沿纵轴向上推移。图 7－1 显示，如果厂商 A 推出技术进步，其网络规模从而利润将有所减少[②]，而网络 B 的规模和利润将有所提高。这种情况出现时，技术维持方 B 反而会得到更大的市场份额，技术进步方 A 的市场将有所减小。这时即使厂商 A 推出技术进步后可以扩大总体市场容量，从而提高消费者剩余，他也没有推出新技术的动机。因而在网络共存条件

① 因为“自立型强网络”满足 $a>2$，且 $ab<1$，故 $b<0.5$。

② 参见卡茨和夏皮罗（1985）的论述，竞争均衡时厂商 A 的利润函数为 $\pi_A^*=x_A^{*2}$。

下，厂商 A 将不会推出网络技术进步，从而具有“推出网络技术进步的惰性”。这种情况下厂商 B 一定属于替代型反应关系，并属于“整体弱势网络”。

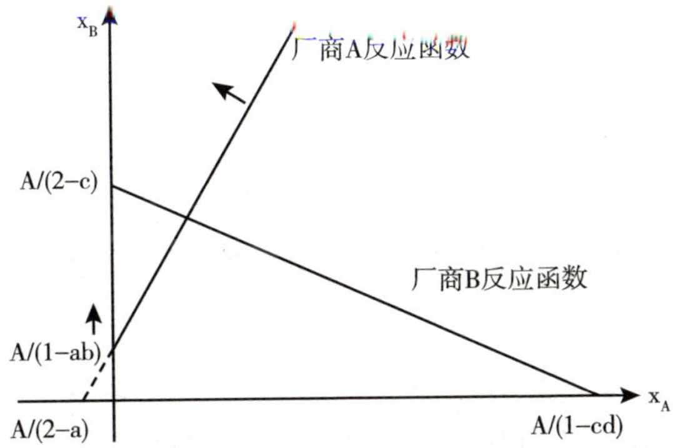

图 7－1　厂商 A 在推出网络技术进步过程中的惰性

更为严格的证明如下：

当网络 B 的技术（c 和 d）维持不变，网络 A 的兼容系数 b 不变时，根据式（7－5），对网络共存均衡点 x_A^* 求导可得：

$$\frac{dx_A^*}{da}=\frac{(c-2)(c-b-bcd-1)}{[(1-ab)(1-cd)-(a-2)(c-2)]^2}$$

当网络 A 属于“自立型强网络”而 B 网络属于“整体弱势网络”时，根据邢宏建和臧旭恒（2008a）的论述，共存均衡的条件为 $c-ab-1>0$，又因为 $a>2>1+cd$，所以：

$$0<c-ab-1<c-b(1+cd)-1=c-b-bcd-1$$

又根据网络 B 所属的网络类型，有 $c<2$，故：

$$\frac{dx_A^*}{da}<0$$

厂商 A 的市场将随着网络效应系数 a 的增加而减小。

7.3.2　推出“基本效用项技术进步”的惰性

与上述分析基本类似，当网络 A 属于“自立型强网络”，而网络 B 属于“整体弱势网络”时，假如厂商 A 推出“基本效用项技术进步”，将使其反应曲线沿着图 7 – 1 中的纵轴向上平移但并不发生旋转，这将有损于技术进步方的市场和利润，因而厂商 A 不会在这种情况下推出“基本效用项技术进步”。

综上所述，有以下命题 7 – 1。

命题 7 – 1：两个网络共存于市场之中，当技术进步方属于“自立型强网络”，而技术维持方属于“整体弱势网络”时，技术进步方具有推出网络技术进步的惰性。

7.4 “双赢”的网络技术进步

当网络 B 呈现互补型反应关系时，厂商 A 所推出的网络技术进步将获得“双赢”的市场结果。其简要原因在于：这种情况下，厂商 A 获得网络技术进步后，其市场规模和利润将因为技术进步而扩大。由于厂商 B 属于互补型反应关系，因而随着网络 A 规模的增加，网络 B 的均衡销量将增加，因而市场总规模和消费者剩余将因该技术进步而增加，故称作“双赢”的网络技术进步。较为正式的证明如下。

7.4.1 网络技术进步与消费者剩余

网络标准竞争共存均衡时，根据式（7 – 4）中厂商 B 的反应函数整理可得：

$$z^* = A + (c-1)x_B^* + cdx_A^*$$

再代入厂商 B 的反应函数，并经整理可得：

$$z^* = \frac{c-(1+cd)}{1-cd}x_B^* + \frac{A}{1-cd}$$

此式即为共存均衡时，网络总人数与加入网络 B 的消费者人数之间的关系式。假定厂商 B 的网络技术保持不变，因而 c 和 d 保持不变，而厂商 A 取得网络技术进步，导致网络 B 的竞争均衡点发生变化，此时上式对 x_B^* 求导可得下式：

$$\frac{dz^*}{dx_B^*} = \frac{c-(1+cd)}{1-cd} \tag{7-9}$$

根据式（7－9）可以判断厂商 A 的网络技术进步对总体市场规模 z 以及消费者剩余 S 的影响。当网络 B 属于“自立型强网络”和“外援型弱网络”网络类型时，厂商 B 的反应函数将呈现出互补型反应关系，因此我们需要在 7.4.2 中分两种情况进行讨论。

7.4.2　双赢的网络技术进步及其发生条件

1. 网络 B 属于“自立型强网络”

对网络 B 而言，根据“自立型强网络”的网络性质有：

$$\begin{cases} c>2 \\ 1-cd>0 \Rightarrow cd<1 \end{cases}$$

由此我们有 $c-cd-1>0$，因而式（7－9）满足：

$$\frac{dz^*}{dx_B^*}=\frac{c-(1+cd)}{1-cd}>0 \tag{7-10}$$

据此可以判断，当厂商 A 因获得网络技术进步而销量增加的同时，网络 B 的规模也将增加，两个市场同方向变化的最终结果是，市场总人数将因为厂商 A 的技术进步而增加。又根据式（7－8）所示，消费者剩余将因为市场总人数的增加而增大。追求消费者剩余最大化的理性消费者将会欢迎网络 A 的技术进步，网络 A 的技术进步将自发获得市场的认可。

2. 网络 B 属于“外援型弱网络”

对网络 B 而言，根据“外援型弱网络”的网络性质有：

$$\begin{cases} c<2 \\ 1-cd<0 \Rightarrow cd>1 \end{cases}$$

由此我们有 $c-cd-1<0$，因而：

$$\frac{dz^*}{dx_B^*}=\frac{c-(1+cd)}{1-cd}>0$$

同理，据此可以判断厂商 A 的技术进步将自发获得市场的认可。为此我们有命题 7－2。

命题 7－2：两个网络共存于市场之中，当技术维持方属于互补型反应关系（“自立型强网络”或“外援型弱网络”）时，技术进步方所推出的“网络效应项技术进步”和“基本效用项技术进步”是“双赢”的技术进步，并属于“可自发实现的网络技术进步”，技术进步方在推出网络技术进步的同时可以保留旧技术平台。①

7.5 “单赢”的网络技术进步

7.5.1 “单赢”的网络技术进步及其发生条件

“单赢”的网络技术进步又可分为以下“可自发实现的网络技术进步”和“强制实现的网络技术进步”两种情况。

第一，厂商 A 存在技术进步的动机，尽管推出技术进步将损害厂商 B 的市场，但却可以提高总体网络规模和消费者剩余水平，那么即使旧技术平台被保留，消费者也会选择新技术，因而属于“可自发实现的网络技术进步”。

第二，厂商 A 存在技术进步的动机，并且这种网络技术进步在损害网络 B 的市场的同时，也将降低总体网络规模和消费者剩余水平，如果旧技术平台被保留，消费者将不会自动选择这种新技术而宁肯维持选择旧技术。网络厂商具有强制关闭旧技术平台的动机，因而这种网络技术进步属于“强制实现的网络技术进步”。

综上两点所述，当网络 B 呈现替代反应关系时，如果厂商 A 具有推出网络技术进步的动机，则该技术进步将获得“单赢”的市场结果。以下将求证这两种网络技术进步的具体条件。

当网络 B 属于“全面型强网络”和“整体弱势网络”时将呈现替代型反应关系。但是“全面型强网络”不可能与其他任何类型的网络

---

① 如果新技术可以自发实现，保留旧技术平台不但能照顾到消费者的异质偏好，还可以避免消费者因立刻面对转移成本而产生抵触情绪。现实中多数人对新技术的偏爱并不能排除少数人对旧技术的喜爱，比如有的消费者可能因为害怕损害自己的隐私而并不喜欢 3G 手机的视频通话功能。假如消费者刚购买了一台 GSM 网络的手机，企图使他立刻转移到 3G 网络也许并不现实。这些因素没有被纳入本章模型的分析范畴，因此这里使用了“可以”字眼。下文的案例分析显示网络厂商此时通常会保留旧技术平台。

获得稳定的共存均衡[①]，由于本章将讨论范围限定为网络共存条件下的网络技术进步问题，因而这里只讨论网络B属于“整体弱势网络”时的情形。

当然，所谓“单赢”的网络技术进步的前提是网络厂商没有“推出网络技术进步的惰性”，也即需要将7.3节中论述的情况排除在外。

1. “可自发实现的网络技术进步”

对网络B而言，根据“整体弱势网络”的网络性质有：

$$\begin{cases} c<2 \\ 1-cd>0 \Rightarrow cd<1 \end{cases}$$

此时我们并无法判定 $c-cd-1$ 的符号，从而无法判定 dz^*/dx_B^* 的符号。也就是说此时无法断定厂商A的技术进步对网络总规模的影响，从而无法判定厂商A的技术进步是否与消费者对剩余最大化的追求相一致并可以自发获得市场的认可。这需要更进一步的分析。

在网络B属于“整体弱势网络”的前提下，如果它对网络A的兼容性较强，从而导致 $c-cd-1<0$，又根据 $1-cd>0$，此时我们可以判定：

$$\frac{dz^*}{dx_B^*}=\frac{c-(1+cd)}{1-cd}<0$$

由此可见厂商A获得技术进步后，虽然网络B的规模有所减小，但这种减小并不妨碍网络总体规模的扩张，这时厂商A的网络技术进步符合消费者效用和消费者剩余的最大化，从而可以自发获得市场的承认而取得成功。虽然这种情况下厂商A的网络技术进步与命题7-2的情形同属“可自发实现的网络技术进步”，但却具有不同的市场影响。这也是替代型反应关系的特殊之处。

2. “强制实现的网络技术进步”

如果网络B属于“整体弱势网络”，并且对网络A的兼容性较弱，导致得益系数cd较小，同时网络效应系数c较大，从而满足 $c-cd-1>0$，我们可以判定：

---

① 邢宏建和臧旭恒（2008a）对此进行了详细说明。

$$\frac{dz^*}{dx_B^*}=\frac{c-(1+cd)}{1-cd}>0$$

此时厂商A获得技术进步后，将引起厂商B规模的缩小，$dz^*/dx_B^*>0$表示厂商B规模的减小将导致网络总体规模的萎缩，从而损害了消费者对效用最大化和消费者剩余最大化的追求，理性的消费者将不会自发选择厂商A的这类技术进步。这种情况下，网络技术进步呈现出与以上分析不同的结论，显示出特殊性。

尽管消费者不会自发选择厂商A的新一代网络技术，但并不代表厂商A的网络技术无法实现。因为厂商A可以通过关闭旧技术平台强行推出新一代网络技术。事实上，这也是厂商A的必然选择，他将为获得单方面的最大利润而违背消费者的意愿和选择。这也是厂商A的重要竞争策略。

综上所述，我们有命题7-3。

命题7-3：假定两个网络共存于市场之中，当技术维持方属于替代型反应关系时，如果它对技术进步方的兼容性较强，从而满足$c-cd-1<0$，则技术进步方的网络技术进步将属于“可自发实现的网络技术进步”，技术进步方可以保留旧技术平台；如果它对技术进步方的兼容性较弱，从而满足$c-cd-1>0$，则技术进步方将关闭旧技术平台，技术进步方的网络技术进步将属于“强制实现的网络技术进步”。

7.5.2 相关解释及推论

命题7-3的结论与直觉似乎是矛盾的，因为通常直觉更多地告诉我们，厂商任何技术进步都是有益的。理解这种矛盾表象的关键在于认清：当不同网络共存于市场时，一定条件下网络技术进步对网络整体规模的扩张是一个障碍，从而有碍了消费者剩余的最大化。

命题7-3所述的“强制实现的网络技术进步”需要满足一个隐含的假定，即网络新技术推出后，技术进步方需要在短时间内向市场提供足够的产品以满足市场需求，市场才能及时出清。事实上这一条件在某些情况下是难以满足的，此时“强制实现的网络技术进步”将演变为“无法实现的网络技术进步”。如果技术维持方面对的是“无法实现的网络技术进步”，是否就将高枕无忧呢？答案是否定的，具体分析如下：

邢宏建和臧旭恒（2008a）的论述显示，“整体弱势网络”B要获得与网络A的共存均衡，需要满足一定的条件：当网络A属于“自立型强网络”时，需要满足：$c-ab-1>0$。当网络A属于“外援型弱网络”和“整体弱势网络”时，需要满足：$a-cd-1<0$。

假定网络A的新技术较为先进，网络效应系数a将有较大提高。以上两个共存均衡条件将随着网络A网络效应系数的提高，而趋向于得不到满足，从而网络B有可能失去所有市场。即使厂商A的技术进步暂时得不到市场的承认，这种未实现的网络技术进步也会转化为技术积累，并在未来威胁网络B的生存。因此厂商A暂时“无法实现的网络技术进步”对网络B而言也是一种潜在的威慑。属于“整体弱势网络”的厂商B具有通过技术进步化解对方技术威慑的动机。厂商B可以通过网络效应项技术进步提高网络效应系数c，或通过提高兼容系数d，以推动自己的网络转变为具有互补型反应关系的网络类型，从而达到抗御对方技术威胁的目的。为此我们做出以下推论。

推论：技术维持方如果暂时阻碍了技术进步方的网络技术进步，这种阻碍也将是暂时的，因为一旦技术进步方获得成功，技术维持方即面临被驱逐出市场的风险。因而存在内在的机制，使其尽可能通过“网络效应项技术进步”或改善兼容性，转化为技术进步的非阻碍方。

7.6　两类网络技术进步的社会福利

通常假定政府的最优行为是追求社会福利的最大化，也即追求消费者剩余和厂商利润之和的最大化。作为政策制定者，政府更关心由市场决定的技术选择是否与从社会福利最大化角度做出的技术选择相符或一致。这一问题的答案将直接影响政府对网络技术进步的态度，并为其出台规制措施提供依据。以下将分别讨论网络效应项和基本效用项网络技术进步的福利影响。

这里仍以网络A获得技术进步，而网络B维持原有网络技术为例进行分析，相反的假定与此同理，并不改变相关结论。以下讨论同样以网络共存均衡的存在为前提。

正如上面所述，当网络 B 属于“全面型强网络”时，不可能与任何类型的网络共存于市场之中，在此省略讨论。

7.6.1 “网络效应项技术进步”的社会福利

1. 社会福利及其与消费者剩余的关系

根据福利函数的定义，社会福利表达式为：

$$W=\pi_A+\pi_B+S(z)=p_Ax_A+p_Bx_B+\frac{z^2}{2} \tag{7-11}$$

根据第6章中式（6-9）和式（6-11）所示，网络共存均衡时，我们有 $p_A^*=x_A^*$ 和 $p_B^*=x_B^*$，因而：

$$W^*=(x_A^*)^2+(x_B^*)^2+\frac{z^2}{2}=(x_A^*+s_B^*)^2+\frac{z^2}{2}-2x_A^*x_B^*=\frac{3z^2}{2}-2x_A^*x_B^* \tag{7-12}$$

根据式（6-14）所示，将厂商 B 的反应函数代入上式得到：

$$W^*=\frac{3z^2}{2}-2\left(\frac{c-2}{1-cd}x_B^*+\frac{A}{1-cd}\right)x_B^*$$

当厂商 B 的网络技术维持不变时，上式两边对 x_B^* 求导可得：

$$\frac{dW^*}{dx_B^*}=3z\frac{dz}{dx_B^*}-\frac{4(c-2)x_B^*+2A}{1-cd} \tag{7-13}$$

2. 网络 B 属于“自立型强网络”或者“外援型弱网络”

网络 A 因“网络效应项技术进步”而获得的更大网络规模时，由于网络 B 属于“自立型强网络”或者“外援型弱网络”，厂商 B 将呈现互补型反应关系，共存均衡时，网络 B 的网络规模也将随之扩大，从而市场总人数 z 也将扩大。根据式（7-12）所示，社会福利最终将因为网络 A 的技术进步而获得提高。网络 A 的“网络效应项技术进步”在得到消费者承认的同时也将得到社会管理者的认同。

3. 网络 B 属于“整体弱势网络”

（1）“网络效应项技术进步”的福利影响因子。如果网络 B 属于“整体弱势网络”，厂商 B 的反应函数将显示替代型反应关系，共存均衡时，网络B将因为网络A的技术进步而减小。我们定义下式为“网络效应项技术进步”条件下的福利影响因子：

$$\omega = \frac{4(c-2)x_B^* + 2A}{1-cd} \qquad (7-14)$$

网络B的福利影响因子代表网络B的技术和市场状况对网络A技术进步的社会福利影响。由于网络B属于“整体弱势网络”因而满足 $c<2$ 和 $1-cd>0$。

可见ω的符号不但和网络B的网络效应系数c以及兼容系数d有关，而且和网络B的均衡市场规模以及消费者基本效用的最大值A有关。当网络B的均衡产量 x_B^* 相对较大时，更趋向于满足 $\omega<0$，消费者基本效用的最大值A越大，越趋向于满足 $\omega>0$。

将ω表达式代入式（7-13）可得：

$$\frac{dW^*}{dx_B^*} = 3z\frac{dz}{dx_B^*} - \omega \qquad (7-15)$$

（2）福利影响因子ω与“网络效应项技术进步”的社会福利。

①当 $\omega>0$ 时。由于网络B属于“整体弱势网络”，根据前文所述，网络A获得“单赢”技术进步的条件是 $c-cd-1<0$，从而导致 $dz^*/dx_B^*<0$。如果 $\omega>0$，$dz^*/dx_B^*<0$ 将是 $dW^*/dx_B^*<0$ 的充分条件，此时政府比消费者更倾向于选用新技术，凡是得到消费者承认的“网络效应项技术进步”一定会得到政府的承认。

当网络A的技术进步无法实现时，需要满足 $c-cd-1>0$，从而导致 $dz^*/dx_B^*>0$，但由于 $\omega>0$，这并不能排除 $dW^*/dx_B^*<0$ 的可能性，因而无法通过消费者而获得实现的技术进步，可能受到社会管理者的青睐。

通过以上两点分析可见，当 $\omega>0$ 时，无论“网络效应项技术进步”是否得到消费者的认可，社会管理者都比消费者更倾向于该项技术进步获得成功。

②当 $\omega<0$ 时。即使“网络效应项技术进步”由于满足 $c-cd-1<0$，导致 $dz^*/dx_B^*<0$，从而得到消费者的认可，政府也有可能由于 $dW^*/dx_B^*>0$ 反对该技术进步。

而当网络技术进步由于 $c-cd-1>0$，导致 $dz^*/dx_B^*>0$，从而无法实现时，$dW^*/dx_B^*>0$ 的条件将得到进一步加强，政府必将更加反对该项技术进步。

通过以上两点分析可见，当 $\omega<0$ 时，无论“网络效应项技术进步”是否得到消费者的认可，社会管理者都比消费者更倾向于反对该项技术进步。

7.6.2 “基本效用项技术进步”的社会福利

1. 社会福利及其与消费者剩余的关系

由式（7－12）所示：

$$W^*=\frac{3z^2}{2}-2x_A^*x_B^*$$

再根据网络 A 获得“基本效用项技术进步”时的反应函数式（7－4），可以求取新的均衡点的坐标为：

$$\begin{cases}x_A^*=\dfrac{A(c-ab-1)+(c-2)\Delta r}{(1-cd)(1-ab)-(a-2)(c-2)}\\[2ex] x_B^*=\dfrac{A(a-cd-1)+(1-cd)\Delta r}{(1-cd)(1-ab)-(a-2)(c-2)}\end{cases}\tag{7-16}$$

将式（7－16）代入式（7－11），并对其两边求取 Δr 的导数得到：

$$\frac{dW^*}{d\Delta r}=3z\frac{dz}{d\Delta r}-\frac{2[A(c-2)(a-cd-1)+A(1-cd)(c-ab-1)+2(c-2)(1-cd)\Delta r]}{[(1-cd)(1-ab)-(a-2)(c-2)]^2}\tag{7-17}$$

2. 网络 B 属于“自立型强网络”或者“外援型弱网络”

与 7.6.1 中 2 的论述同理，网络 A 的“基本效用项技术进步”在得到消费者承认的同时，也将得到政府的认同。

3. 网络 B 属于“整体弱势网络”

（1）“基本效用项技术进步”的福利影响因子。我们定义下式为“基本效用项技术进步”的福利影响因子：

$$\sigma=\frac{2[A(c-2)(a-cd-1)+A(1-cd)(c-ab-1)+2(c-2)(1-cd)\Delta r]}{[(1-cd)(1-ab)-(a-2)(c-2)]^2}$$

σ的符号与分子项的符号直接相关，分子中括号内的第一项大于零，第二项小于零，第三项也小于零。其符号取决于两个网络的技术特性，以及基本效用项技术进步的程度Δr。

由此式（7－17）调整为：

$$\frac{dW^*}{d\Delta r} = 3z\frac{dz}{d\Delta r}\sigma$$

（2）福利因子σ与“基本效用项技术进步”的社会福利。

①当σ>0时。当$c-cd-1<0$，从而$dz^*/d\Delta r>0$时，网络A的“基本效用项技术进步”将得到消费者的认可，但由于σ>0，政府也有可能由于$dW^*/d\Delta r<0$而反对该技术进步。此时消费者比社会整体更倾向于选用新技术。

当网络A的技术进步无法实现时，需要满足$c-cd-1>0$，从而$dz^*/d\Delta r<0$，由于σ>0，此时一定有$dW^*/d\Delta r<0$，因而无法通过消费者获得实现的网络技术进步，政府一定会反对。

通过以上两点分析可见，当σ>0时，无论“基本效用项技术进步”是否得到消费者的认可，社会管理者都比消费者更倾向于反对该项技术进步。

②当σ<0时。当“基本效用项技术进步”由于满足$c-cd-1<0$，导致$dz^*/d\Delta r>0$，从而得到消费者的认可时，政府也有可能由于$dW^*/d\Delta r>0$而赞同该技术进步。

当“基本效用项技术进步”由于$c-cd-1>0$，导致$dz^*/dx_B^*<0$，从而无法实现时，并不能排除由于σ<0而导致$dW^*/d\Delta r>0$的可能性，政府有可能赞同该项技术进步。

通过以上两点分析可见，当σ<0时，无论“基本效用项技术进步”是否得到消费者的认可，社会管理者都比消费者更倾向于赞同该项技术进步。

7.7　案例研究

很难找到合适的案例对命题7－1中所阐述的网络厂商“推出网络技术进步的惰性”行为进行验证。一方面，这是因为“自立型强网络”通常没有必要推出网络技术进步，“推出网络技术的进步惰性”

行为也许只是为达成理论分析的完备性而做出的理论论断。尽管本章假定网络效应项为线性函数形式，但是现实中网络效应通常并不是网络规模的线性函数。在网络成长的初始阶段网络效应通常较强，随着网络规模的成长网络效应逐渐减弱，甚至如同卡茨和夏皮罗（1985）所假定的那样达到极限。网络厂商在网络效应较强的成长阶段通常并没有推出网络技术进步的压力和意愿。另一方面，这是因为企图在现实中观察到网络厂商推出不利于自身的技术进步是困难的，这不是理性厂商的竞争行为。

以下将重点通过案例分析验证命题7－2和命题7－3所得到的理论结论。命题7－2和命题7－3显示，一定条件下，网络厂商在推出新技术的同时没有必要关闭旧技术平台，这类技术进步属于“可自发实现的网络技术进步”。而在其他条件下，网络厂商只有关闭旧技术平台才可能顺利推出网络技术进步，这类技术进步属于“强制实现的网络技术进步”。现实中，一些网络厂商在获取新一代网络技术的同时长期保留了旧技术平台，而另外一些网络厂商却会在很短时间内关闭旧技术平台。这种分化的竞争行为本身即可说明本章理论分析的结论对现实具有一定的解释力，但我们仍然需要辨明现实中厂商保留和关闭旧技术平台的条件与理论分析所要求的条件是否具有一致性。

为此，以下将分保留和关闭旧技术平台两种情况，分别应用数个案例阐明网络厂商关闭旧技术平台和保留旧技术平台的竞争行为所处的网络条件，与理论分析所示的条件是否具有内在的一致性，从而验证理论与现实的统一性。

7.7.1 保留旧技术平台的案例

1. 移动通信网络的竞争

网络厂商在推出新一代网络技术的同时，保有旧技术平台的例子不在少数。典型的例子是移动通信网络竞争过程中呈现出的技术决策行为。中国联通有限公司和中国移动通信集团公司是我国的两大移动通信运营商。[①] GSM 网络和 CDMA 网络是两大移动通信网络。移动通信网络属于伊科诺米季斯和希梅尔伯格（1995）所描述的星形网络，用户通过电信运营商所提供的双向交流平台实现双向沟通，GSM 网络和 CDMA 网络存在着卡茨和夏皮罗（1985）所界定的直接网络效应。联通公司目前同时运营 GSM 和 CDMA 两个网络，而移动公司目前则只运营 GSM 网络。CDMA 采用了不同的传输频率和功率，具有更小的辐射和更高的通话质量，是联通公司的新型网络技术平台。在 CDMA 网络成功进入市场后，联通公司长期保留了 GSM 网络，联通公司分布于全国的信号发射基站同时在接收和传送着两套基于不同网络技术的信号。

要解释联通的这种决策行为，我们就必须分析联通公司和移动公司所运营的无线通信网络的具体特性。无线通信网络几乎是全兼容的，也就是说处于 GSM 网络中的用户作为网络中的节点，可以随时与处于 CDMA 网络的用户节点取得联系，反向的联系通道也是畅通的。两个运营商的网络之间存在着极强的兼容性，如果用本章所定义的兼容系数衡量，移动公司 GSM 网络对联通公司 GSM 网络和 CDMA 网络的兼容系数 c 极为接近于 1，因而移动公司网络从联通公司的得益系数 cd 极为接近于移动公司的网络效应系数 c。这种情况下，衡量技术进步实现条件的指标 c - cd - 1 更倾向于小于零。命题 7 - 2 和命题 7 - 3 显示，这时的网络技术进步或者是“双赢”的网络技术进步，或者是可自发实现的“单赢”的网络技术进步，联通公司即使不关闭 GSM 网络，其推出的新一代 CDMA 通信技术也会获得市场的认可。这与现实中联通公司在推出 CDMA 网络的同时长期保留 GSM 网络的技术决策相吻合。

正如第一代无线模拟通信系统（TACS）的退出所证明的，任何一种网络技术都有其衰退和消亡的过程。但至少无线通信运营商没有在推出 GSM 网络的同时或之后不久即关闭 TACS 网络。

2. 计算机操作系统之间的竞争

微软公司的 Windows 系统和苹果公司的 OS（operation system）系统是共存于市的两大计算机操作系统。用户依据使用操作系统的不同可以划分为使用 Windows 操作系统的网络和使用 OS 操作系统的网络，这两

---

① 最近各电信运营商之间进行了合并重组，这里只涉及合并前的竞争行为。

个网络存在间接网络效应。李波（2004）认为卡茨和夏皮罗（1985）所界定的“硬件/软件”范式有三种表现形式：“互补品网络”“产品/学习与培训投资网络”和“耐用品/售后服务网络”。两大操作系统网络既属于“互补品网络”，又属于“产品/学习、培训投资网络”，这是因为：与两个操作系统构成互补关系的产品是各自不同的计算机平台，Windows 操作系统的运行平台是普通的 PC 计算机而 OS 操作系统的运行平台则是特定的苹果计算机，于是两个操作系统和各自依赖的计算机平台呈现产品层面的互补关系。掌握两种操作系统需要耗费大量的时间和金钱，技能一旦形成即依附于特定的硬件产品——操作系统，因此两个操作系统网络也属于“产品/学习、培训投资网络”。

微软公司的 Windows 操作系统经历了 Windows 95、Windows 98、Windows 2000、Windows ME、Windows XP 和 Windows Vista 六代的发展。微软在推出新的操作系统之后通常并不关闭旧技术平台，而是继续销售较早版本的操作系统，并为其开发升级程序，尤其是 Windows 98 和 Windows XP 两代操作系统在新操作系统面世后具有较长的寿命。微软为何不立刻停止销售旧操作系统？本章的研究结论可以解释微软的这种竞争行为。

苹果公司的 OS 操作系统对 Windows 操作系统具有较强的兼容性。这种兼容性主要表现为在 Windows 系统下输入的文字和图片通常可以无损的传输到 OS 操作系统应用，兼容的平台则是 Adobe 等公司开发的系列软件，比如 Adobe Photoshop 和 Adobe Acrobat Professional 等。这些软件可以同时运行于两种操作系统，通常可以将 Windows 操作系统下产生的文本文件和图形文件转化为 OS 操作系统可识别的文件，OS 系统的用户实现了与 Windows 系统用户的联系。鉴于 OS 操作系统主要面向印刷排版和图形设计等行业的用户，这种兼容使 OS 用户的多数工作选项（而不是某项无关紧要的工作）可以从 Windows 系统受益，因此 OS 对 Windows 的兼容性较强，也即 c 较为接近于 1，$c-cd-1$ 更倾向于小于零。此时根据命题 7-2 和命题 7-3，网络技术进步将是“双赢”的网络技术进步或是可自发实现的“单赢”的网络技术进步，微软在推出新一代操作系统后不必关闭旧技术平台。

3. 磁存储和光存储之间的竞争

磁存储和光存储是当今数据保存领域的两大竞争技术。每种存储技术与其保存的数据之间的关系符合“硬件/软件”范式，因而存在着间接网络效应，用户因此被划分为使用磁存储产品的网络和使用光存储产品的网络。存储容量的扩大有力地支持了更大数据资料的传输和保存，这反过来又推动了硬盘、刻录机及其刻录盘片的销量，从而有效地降低了其制造成本。存储设备销量增加的同时，又推动了以 APE、HDTV 和 AVI 等诸多数据格式为载体的网络数据的传播，市场进入了另外一轮的“正反馈”循环。两种存储技术之间存在较强的兼容性，其兼容平台是日益普及的个人计算机。多数情况下光盘数据和硬盘数据之间可以无障碍地相互转化和流传。与上述案例分析同理，$c - cd - 1 < 0$ 的条件容易得到满足，命题7－2和命题7－3显示，这种情况下新技术具有内在的实现机制，因而厂商在推出新一代网络产品的同时无需关闭旧技术平台。

现实也表明，硬盘生产商和光储产品生产商在推出新一代产品的同时，长期保留了旧技术产品的生产和销售。比如，硬盘生产厂商在推出新一代 SATA 串行传输标准的同时，长期保留了 PATA 并行硬盘的生产；大容量硬盘的开发和投产没有影响硬盘生产商继续生产和销售小容量硬盘，即使小容量硬盘有时看起来性价比很低（目前 80G、160G 和 320G 硬盘的价格差别远远小于其容量差别）；光存储生产商在从 CD 到单面 DVD，再到双面 DVD 的技术演进过程中，并没有关闭其早期光存储技术平台。

7.7.2 关闭旧技术的案例

1. 英特尔和 AMD 之间的技术竞争

英特尔和 AMD 是当今世界两大 CPU 生产商。他们推出的处理器芯片和配套的主板、内存等外围部件之间存在着互补关系，这种互补关系符合卡茨和夏皮罗所描述的“硬件/软件”范式所规定的间接网络效应的特征。当硬件——新一代 CPU 销量较小时，不但自身难以取得规模效应，其互补产品——主板和内存等价格也相对较高。随着新一代 CPU 购买人数的增加，主板和内存的生产将获得规模效应，软件的成本和价格将大为降低，从而吸引更多的消费者加入产品网络，并使 CPU 生产获得规模效应，硬件的成本和价格进一步降低，市场于是进入了另一轮循环。这一“正反馈”机制符合间接网络效应的特征。消费者因此划分为使用英特尔处理器及其周边产品的网络和使用 AMD 处理器及其周边产品的网络。

两大芯片厂商典型的竞争行为是在推出新一代 CPU 后不久，即停产其旧核心处理器。而且有时遭到停产的是还有相当市场竞争力的产品。比如英特尔在推出其奔腾 4 处理器后不久，就停产了性能并不落伍的图拉丁处理器；在推出 Prescott 核心处理器后不久，就停产了基于 Northwood 核心的处理器。事实上，停产芯片的高端型号的性能在当时仍十分强悍。AMD 与英特尔具有相似的决策行为。为何两个厂商在推出新型处理器后，要停产一些具有相当竞争力的处理器？

本章的相关结论恰好可以解释两大 CPU 生产商的这种竞争行为。首先，由于两个网络之间兼容性较弱。AMD 处理器无法插到为英特尔处理器设计的主板上，反之英特尔处理器也无法应用到为 AMD 处理器设计的主板上。两个网络之间基本无法从对方的市场得益。假定英特尔处理器获得了技术进步，由于 AMD 的网络对其兼容性很小，因而得益系数 cd 将很小，存在 $c-cd-1>0$ 的可能性。假定 $c-cd-1>0$，一方面，AMD 网络不可能属于“外援型弱网络”，并且由于间接网络效应下的网络效应相对较小，$c>2$ 的可能性不大，AMD 网络也不太可能是“自立型强网络”，根据命题 7－2 所示，英特尔的网络技术进步不太可能是“双赢”的。另一方面，由于存在 $c-cd-1>0$ 的可能性，因而根据命题 7－3 所述，此时消费者可能将没有内在动力选择英特尔的新技术，从而技术进步可能无法自发实现。综合以上两点，英特尔为“确保”[①] 获得市场规模，进而利润的最大化，其理性选择应当是关闭旧技术平台。理论分析与厂商的竞争行为具有内在的一致性。

① 事实上，$c-cd-1$ 既有大于零的可能性，也存在小于零的可能性。尽管不关闭旧技术平台，网络技术进步也有可能通过市场自发实现，但此时网络厂商要承担判断失误的风险。技术竞争策略是厂商的核心竞争策略，如果关闭旧技术平台的损失不大，有理由相信如在不确定条件下，网络厂商会采取更加保险的竞争策略——关闭旧技术平台。下同。

2. 各种即时聊天软件之间的竞争

网络即时聊天软件对人们的经济和社会交往具有重要影响。腾讯公司推出的 QQ 和微软公司曾经推出的 MSN 是两种不同的聊天软件。尽管微软已经关闭了 MSN 服务，但我们仍可以通过观察二者共存期间的竞争行为，验证本章所述相关理论。二者共存期间，用户根据使用软件的不同可以划分为使用 MSN 的网络和使用 QQ 的网络，这两个网络也属于前述的星型网络，使用同一种软件的用户之间通过网络运营商的服务器相互联系，各网络存在着直接网络效应。

应当看到，两个网络之间基本不兼容，具体表现为：假定一个用户只使用一种聊天软件，使用不同聊天软件的用户之间将无法进行网络即时沟通。假定 QQ 网络获得技术进步，由于不同网络之间的用户无法联系，故 MSN 网络的得益系数 cd 很小，存在 $c - cd - 1 > 0$ 的可能性。假定 $c - cd - 1 > 0$，一方面，技术维持方 MSN 网络不可能属于“外援型弱网络”，并且聊天软件处于动态竞争之中，根据本节开始的论述，$c > 2$ 的可能性不大，MSN 网络也不太可能是“自立型强网络”。根据命题 7－2 所示，QQ 网络的技术进步不太可能是“双赢”的。另一方面，由于存在 $c - cd - 1 > 0$ 的可能性，因而根据命题 7－3 所述，此时消费者可能将没有内在动力选择腾讯公司的新技术，从而技术进步可能无法自发实现。综合以上两点，腾讯公司为“确保”获得竞争优势将具有关闭旧版本的软件的内在冲动。现实中，腾讯公司和微软公司确实存在这种技术竞争行为。比如，QQ 软件获取版本升级后不久，使用旧版本的用户即无法登陆，除非按照提示进行软件升级；微软在推出新版本的 MSN 软件后不久，即停止提供旧版本软件的下载服务。

3. 数码相机和传统胶片相机之间的技术竞争

数码相机的使用与存储卡和计算机紧密相连，而胶片相机则离不开胶卷。由数码相机/存储卡和计算机，胶片相机/胶卷所组成的两个产品网络符合卡茨和夏皮罗（1985）所界定的“硬件/软件范式”。硬件（相机）和软件（配套产品）之间也存在类似于 CPU 网络中的“正反馈”机制，两个网络存在间接网络效应。根据消费者的选择可以将消费者划分为使用数码相机的网络和使用胶片相机的网络。以下将结合这两个网络的网络特性说明理论与现实的统一。

这两个网络之间基本不兼容，也即使用胶片相机的用户很难通过存储卡和计算机进行传播，而使用数码相机的用户也无法通过底片进行传播，一个网络的用户从另一个网络的得益十分有限。假定数码相机获得技术进步，胶片相机的得益系数 cd 很小，存在 $c-cd-1>0$ 的可能性。与上述两例的分析同理，当数码相机生产商获得技术进步时，根据命题 7-2 和命题 7-3 所示，旧技术平台将被关闭。现实中，厂商的竞争行为也表明，随着数码相机像素技术的提高，低像素的数码相机无论多么经典，往往也会很快停产。理论分析与厂商的竞争行为再一次被验证具有内在的一致性。

7.7.3 案例总结

仔细考察可以想到的案例，可以发现现实中网络厂商关闭或保留旧技术平台的决策行为与本章的理论分析结论在多数情况下是一致的。这说明本章理论推演的结论对现实具有一定的解释力。我们并不排除找到反例的可能，也不能排除在个案情况下可能存在若干其他因素影响网络厂商关闭旧技术平台的决策，但共性寓于个性之中，并通过个性表现出来，因此有理由相信本章的理论分析与现实在多数情况下的吻合并不仅仅是一种巧合。

以下将对文中较为抽象的研究结论进行更为宽泛的解读，以使其对网络厂商更具启发性。

第一，当技术维持方的网络效应较弱，并且对技术进步方的兼容性较弱时，如果关闭旧技术平台的代价不大，技术进步方应在推出新一代网络技术的同时或之后不久考虑关闭旧技术平台；当技术维持方对技术进步方的兼容性较强时，技术进步方通常应在较长时间内保留旧技术平台。

第二，当技术进步方决定关闭旧技术平台以便于推出新一代网络技术进步时，新产品在短时间内的产能问题往往是决定新技术成功与否的关键，因此技术进步方有必要在推出网络技术进步之前尽可能地提升新产品的生产潜力。

第三，当技术进步方为推出新一代网络技术而关闭旧技术平台时，即使受到产能的限制而暂时遇到困难，技术维持方也应具有危机意识以免被驱离市场，因为技术进步方往往并不缺乏提高产量的手段，并且共存均衡的条件很可能被打破。

本章的模型推演不可避免地存在一些局限性。比如，模型推演是在比较静态框架内展开的，并没有将网络成长过程和时间价值纳入模型，也未考虑特殊的网络拓扑关系的影响。有必要在后续研究中考察这些影响因素对网络技术进步的影响，以进一步提高研究结论的适用性和解释力。

第4篇　复杂网络理论下的竞争行为与竞争策略

第8章　网络拓扑结构的控变行为与策略

本书第3章介绍了复杂网络理论的产生和发展过程，阐释了复杂网络理论的方法论。随着复杂网络理论的发展，人们开始认识到改变客户群网络拓扑结构，也即客户作为网络节点之间的网络联系特性，会改变网络效应从而影响企业的市场地位。通过调整客户群网络拓扑结构控制和改变网络效应的竞争行为逐渐引起学术界的关注，现实生活中存在的一些调整和改变网络拓扑结构影响网络效应以谋求竞争优势的策略性行为逐渐步入研究视野。这些策略性行为包括子网络构建，构建好友群以及“以客户社会关系为导向”建构和改变网络效应。其中好友群策略是“子网络构建”策略特殊形式，这些竞争行为与策略是本章的研究重点。与传统网络效应理论不同，本章将主要运用SNA和ACE展开研究。

8.1　复杂网络理论下增强网络效应的竞争行为概述

小世界网络和无标度网络等复杂网络理论的建立，包括社会网络分析法和基于主体计算法的发展，以及Repast、Pajet等多种研究工具的完善，为基于网络拓扑结构的调整研究网络效应的控变策略奠定了基础，相关研究陆续出现。

8.1.1 子网络构建

“子网络构建”策略是一种调整客户群内部网络拓扑结构，进而控制和改变网络效应以谋求竞争优势的策略，是一种着眼于内的竞争策略。它是指：在网络效应影响下，企业在自身客户群网络（母网）内，依据客户的社会关系，允许客户自行选择或者由企业选择少量客户网络节点，组成母网络中的子网络，企业子网络内的客户特别对待（比如价格优惠），从而影响或改变网络节点之间的拓扑关系以谋求竞争优势的竞争策略。这是一种基于企业“内部网络拓扑空间”的竞争策略。

尽管企业在实践中已经开始采用这种竞争策略，但是相关研究直到最近才开始出现。祖迟尼（2013）研究了德国移动运营商的“子网络构建”策略。运营商允许客户自行组建小网络，在小网络内对话费实行折扣价，而客户对小网络以外的通话则不实行折扣价，这改变了原先无线通信网络的网络效应，并将之称为费率干预的网络效应。研究显示大网络运营商凭借实施“子网络构建”策略，削弱了小运营商的市场竞争力；小网络运营商也会跟随实施这一策略，但大网络运营商相对于小网络运营商更容易从这种策略中受益。但是祖迟尼（2013）并没有研究企业如何实施“子网络构建”策略。这种基于网络拓扑结构调整的网络效应控变策略，正是本章着手深入研究的竞争行为。

8.1.2 好友群构建

构建好友群也是一种调整客户群内部网络拓扑结构，进而控制和改变网络效应以谋求竞争优势的策略。这也是一种着眼于内的竞争策略。它是指企业在产生客户群网络效应的产品中，嵌入客户对自身社会关系进行分类和管理的工具或平台，客户可基于此管理自己的社会关系，从而影响或改变网络节点之间的拓扑关系以谋求竞争优势的竞争策略。例如，腾讯公司的两款产品 QQ 和微信的客户群网络存在明显的直接网络效应，两款产品均嵌入和添加了好友分类管理功能，可以根据用户处理社会关系的需要自行建立各类好友群。好友群策略是腾讯公司这两种产品的制胜法宝。

虽然好友群策略已经被企业应用于市场竞争之中，但是目前只发现李和宋（2003）进行过类似研究。他们的研究显示：美国影响较大的三个即时通信软件分别是 AOL、ICQ 和 MSN，它们都表现出良好的发展态势。虽然 AOL 最先进入市场并最先取得市场统治地位，但后来者 ICQ 和 MSN 都在市场中站稳了脚跟。这一现象与网络效应理论的开拓者法雷尔的预测恰好相反，因为 ICQ 和 MSN 作为后来者，技术上并没有领先 AOL，并且 AOL 的初始份额具有统治地位，按照传统网络效应理论无法取得对在位产品的竞争优势。这一现象在传统的网络竞争理论中找不到发生的依据。虽然李和宋发现好友群构建能给企业带来竞争优势，但是他们并没有阐明好友群构建的机理和机制，也没有进一步研究如何构建好友群，而这正是本章期待解决的问题之一。

近年来，一些运用基于主体的计算方法，自下而上地研究小群体对大群体作用的新成果相继出现。黄（Huang et al.，2015）采用基于主体计算的方法研究了异质子群体的合作演化问题，桑切斯（Sánchez et al.，2016）研究了种群大小对异构集群的分布演化问题。这些问题虽然不属于网络效应问题，也不是本章研究对象，但他们的方法论对本项目研究“子网络构建”策略具有启发意义。

好友群策略可以看作是“子网络构建”策略的特殊形式。好友群策略的核心是企业提供客户构建好友群的环境或手段，由客户根据其复杂的社会关系自行组建好友群，但是有些产品很难为客户提供自行构建好友群的环境或手段，这时则可以由企业实施“子网络构建”策略，对子网规模和子网定价等关键策略选项进行决策。其基本原理都是使客户群内部产生一定的聚群现象，从而改变客户群网络拓扑结构影响客户群网络效应。由于好友群策略是“子网络构建”策略的特殊形式，因此本章将其合二为一，统一研究。

8.1.3　基于客户社会关系调整客户群网络效应

首先需要区分客户社会关系网络与客户群网络是截然不同的两个概念。客户社会关系网络不依赖于企业提供的产品而存在，反映客户的社会联系和社会属性。例如，不管是否使用相关产品，客户均存在亲属关系网络、朋友关系网络、工作关系等诸多社会关系网络。客户群网络则是因为客户使用相同的产品，他们以企业提供的产品为联系纽带建立了彼此联系、形成共享网络效应的网络。

客户的社会关系对客户群网络效应具有重要影响。周琦萍等（2013）的研究具有开创意义，他们运用 ACE 方法对复杂网络的网络效应进行了研究，发现基于客户社会关系构建的客户群网络效应比较强，超过用户基础这一影响因素，是影响产品扩散的第一要素。也就是说以客户群先天存在的社会关系网络为依托，通过产品设计使产品服务于更多的客户社会关系，则以产品为纽带联系起来的客户群网络显现出更大的网络效应。

但是基于客户社会关系构建客户群网络效应仍有两个关键问题尚需进一步研究：第一，用什么方法将客户社会关系纳入产品设计，增强以产品为纽带联系起来的客户群网络效应？具体纳入的方式是什么？第二，客户的社会关系非常复杂，在成本约束和产品约束的情况下，优先纳入哪种社会关系？纳入社会关系的优先顺序是什么？相关依据是什么？这些问题还没有研究解决，而这是以客户社会关系为导向控制和改变网络效应的关键问题，也是本章研究的一项竞争行为。

8.2 复杂网络理论下的“子网络构建”策略

为什么在 2018 年中国福布斯排行榜上马化腾以 2263.2 亿元财富居于第二位？人们经常将马化腾的财富与腾讯旗下的核心产品微信联系在一起，那么为什么微信具有强大的竞争力？人们通常将原因归结为日常生活中已经难以离开微信，依托于微信的微信钱包当中的账户余额就构成了微信产品的重要利润来源。我们可以做一个简单的推算来说明这一点，假如每位国人在微信钱包中的余额为 1000 元，则全国总余额为 14000 亿元，假设这部分稳定的余额带给腾讯 3% 的年收益率，则微信产品每年带给腾讯 520 亿元毛利润，如果收益率高于 3% 或者微信钱包中的人均余额更多，则毛利润将更多。可见腾讯集团强大的市场竞争力和利润水平依托于微信这种广泛流行的即时通信工具微信产品。阿里巴巴集团总裁马云作为 2018 年中国福布斯排行榜位居第一的商业奇才曾经评价道："微信是个好东西"。可见微信钱包带给支付宝很大的竞争压力。

那么为什么微信会成为广泛流行的即时通信工具？原因在于微信通过强大的好友群功能，允许微信用户对自己的各类社会关系进行梳理，并根据偏好加入不同微信群，实现信息的有效传递。这仅仅是一般人表象的认识，从网络经济学角度，我们可以将微信强大的竞争能力归结为这种产品提供了人们按照自己偏好改变网络拓扑结构的功能，好友群功能一方面极大地缩短了网络节点的平均距离和聚类系数，另一方面提高了信息传递和信息获取的效率。而好友群功能与子网络构建本质上具有相似之处，都使客户获得某种聚群权利，这种聚群将改变用户的网络拓扑结构，进而提升产品竞争能力。因此接下来我们将二者合二为一，并以微信产品为例对"子网络构建策略"进行统一研究。

8.2.1　子网络构建策略对网络拓扑结构的改变

所谓网络拓扑结构是指网络节点之间的联系特性。微信的好友群功能为何能改变网络拓扑结构呢？我们仍然以第3章列示的网络拓扑结构为例进行说明。表8－1列出了一个五人之间存在的联系。

表8－1　　五人关系二值矩阵

	A	B	C	D	E
A	0	1	0	1	0
B	1	0	1	1	0
C	0	1	0	1	0
D	1	1	1	0	1
E	0	0	0	1	0

这个五人关系的二值矩阵其网络拓扑结构的特征参数如表8－2所示。

表 8-2　　五人网络拓扑结构的特征参数

平均距离	聚类系数
1.4	0.8

假定五人当中的某人建立了一个微信群，并且由于五人之间任何一个人都有其他人与之存在直接联系，通过这种直接联系，通过微信群拉人入群的功能，最终五个人共聚于一个群之中，则其二值矩阵就变成矩阵表 8-3 所示。

表 8-3　　加入同一微信群后五人关系的二值矩阵

	A	B	C	D	E
A	0	1	1	1	1
B	1	0	1	1	1
C	1	1	0	1	1
D	1	1	1	0	1
E	1	1	1	1	0

根据表 8-3 所示，微信群功能使得任何两人之间都可以获得直接联系。微信群就相当于在五个人之间建立了一个信息输送的 hub，任何一个人只要向微信群发送一条信息，其他人都能获取，也就是任意两人之间构建了直接联系通道。基于群功能五人的网络拓扑结构的特征参数如表 8-4 所示。

表 8-4　　加入同一微信群后五人网络拓扑结构的特征参数

平均距离	聚类系数
1	1

8.2.2　子网络构建策略对网络拓扑空间的拓展

仍然以微信群为例加以说明。由于五人各自存在一些其他四位成员不认识的社会关系成员，任何一个人都有可能将其余四位人都不认识的新的社会关系成员拉入群，而这个新加入群的成员也有很多社会关系，由于这个新加入的成员不认识老的群成员，他的社会关系就成为潜在的群成员。微信群功能实现了自主梳理社会关系，建立或者加入特定微信群，微信群按照承载的功能形成不断吸引新的成员加入的自我再生和自我成长功能。微信群承载着梳理社会关系的功能，社会当中的人依据不同的社会关系，分门别类加入具有不同功能特性的微信群。例如人的社会关系包括亲友关系、同事关系、邻里关系、商购关系、爱好关系等众多方面。不同类型的社会关系通常会建立不同的微信群。例如一位爱好自酿干红葡萄酒的人可以通过加入葡萄酒自酿群获取信息，通常这个群中的多数成员都是他以前不认识的人，未来还会有更多群中的成员不认识的新人加入其中，这就极大地扩大了这位干红葡萄酒自酿爱好者的社会网络拓扑空间。

8.2.3 子网络构建改变了信息传递和信息获取的效率

1. 子网络构建改变了信息传递的效率

所谓信息传递的效率是指消息在人群中传播的速度。微信群功能实现了子网络构建，而每一个微信群相当于一个信息 hub，当某个群的某个成员向群内发布一条信息，该信息能够迅速传递到群内的每一位成员。如果群内有成员将此信息转发到其他微信群，则信息就实现了从一个群到另外一个群的转移。这种转移我们可以将其称为簇转移，也就是说信息不是从一个人转移到另外一个人，而是从一个群组成的簇转移到另外一个群组成的簇。重要的信息将得到转发，因此那些重要的信息将通过这种簇转移，获得信息传递。这极大地提高了信息传递的效率。

我们还可以引用表 8 -1 和表 8 -2 进一步加以说明。由五人组成的网络一开始的网络拓扑结构的平均距离为 1.4，也就是说成员之间要通过平均 1.4 人才能与其他人取得联系，而且这种联系单独存在而非具有 hub 的性质，也就是当某两个成员取得联系时，信息传递仅仅局限于两位成员之间，要使其他成员获得此信息，需要他们单独再向其他人发起联系传递信息，因此传递的效率很低。而五人组成微信群后，网络拓扑结构的平均距离为 1，也就是说五人之间获得了可以直接取得联系的权利。而且五人的信息传递是 hub 模式的，微信群就是 hub 的信息节点，将任何成员的信息同步转发到所有群成员。可见微信群极大提高了信息传递的效率，这种效率的提高得益于三个方面：第一，微信群缩短了人们之间的平均距离；第二，信息传递呈现 hub 模式，也即一次信息发布将使所有成员同步获得信息；第三，信息在不同群之间的传播表现为簇转移。

2. 子网络构建提高了信息获取和信息传播的效率

所谓信息获取的效率是指信息经过传递到位的情况下被拾取并解读的效率。信息传递与信息获取是信息实现有效传播的两个关键串联环节，任何一个环节不通畅信息都不可能实现有效的传播。分开来讲，如果信息传递环节有问题，信息不能在网络成员之间进行传递，信息传递的效率很低，就不可能实现信息的有效传播；如果信息传递效率很高，但是人们对传递的信息兴趣不大而不愿意拾取和解读，也就是信息获取的效率很低，则仍然不可能实现信息的有效传播。只有当信息传递的效率和信息获取的效率都很高时，才能实现信息的有效传播。因此我们可以用图 8－1 说明这种关系。

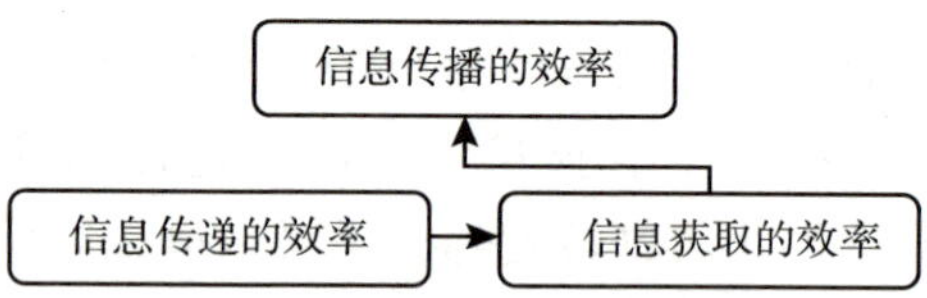

图 8－1　信息传递效率、信息获取效率与信息传播效率关系示意

信息社会中我们追求的最终目标是提高信息传播的效率，因此要求在提高信息传递效率的同时还要提高信息获取的效率。微信群极大提高了信息获取的效率。微信群功能所实现的子网络构建有一项重要的功能，就是对人们的社会关系进行梳理，从而形成承载不同社会关系的微信群。因此信息也在一定程度上进行了梳理和分类。比如我们在基于爱好建立的群里面看到的信息多半与此爱好有关；我们在同事群里看到的信息多半与工作有关；我们在同学群里面看到的信息多半与人生哲理和生活有关。当我们工作很忙的时候，我们会有选择地查看自己的微信信息，查看一些群信息而忽略一些群的信息，这就是因为微信群所具有信息梳理功能帮助人们进行信息的初选，从而极大提高了信息获取的效率。

8.2.4 子网络构建的最优化问题

微信群所实现的子网络构建功能既然能够获取如此众多的好处，那人们建立和加入的微信群的数量是越多越好，还是存在一个最优化的问题？这就成为子网络构建面对的一个重要理论问题。

我可以应用极限思维的方式对这一问题进行定性分析，从极限思维的角度考虑微信群的数量如何影响信息传播的有效性。微信群的数量最少是一个，最多为无穷多。先考虑最少只有一个微信群的情况。任取一位社会成员，假设该成员手机号码簿中有 200 位联系人，该成员通过建立一个微信群将所有 200 位联系人拉入群内。与表 8－1 和表 8－2 所示的原理相同，这改变了 200 人的网络拓扑结构，微信群成为 hub 节点并将任何一位成员发送的信息同步传送给所有其他人，极大地提高了信息传递的效率。但是从信息获取的效率来看，由于这 200 人之间存在较为复杂的社会联系，只有一个群无法实现对信息的梳理功能，信息获取的效率很低。也就是这种情况下信息传递的效率高而信息获取的效率低，信息传播的效率不见得是最高的。

再考虑另外一种极限情况，假定该社会成员建立无穷多个群，对上述任取的社会成员而言，随着建立的群越来越多，假定我们对群的规模从大到小进行降序排列，最小的群成员就只有两人，包括该成员与其 200 位联系人当中的某一位。这种情况下与不建立群而单独进行联系没有任何区别。因此无限多的群也不是信息传播效率最高的选择。

综上所述，仍然以微信群为例，在子网络构建过程中，建立一个微信群和无数个微信群信息传播效率都不是最高，因此微信群的数量一定存在一个最优解，能够使信息传播的效率最高。我们可以用图 8－2 表示这种最优化思想。

我们任取经济社会中一定数量的人群，比如任取 200 人，在没有群功能之前，这 200 人存在一个先天存在的社会关系网络拓扑结构，网络中的每个成员依靠传统的点对点的联系方式进行联络，很多人之间并不存在直接联系。在这 200 人中引入微信群功能，将 200 人纳入同一个群信息传递的效率最高，如果将其中的100人纳入一个群，另外100人建立另外一个群，则信息传递的效率将降低。因为这时候存在一个群中信息传递不到另外一个群的情形，因此随着微信群数量的增加信息传递的效率逐渐降低。但是群功能承载着梳理人们社会关系从而对信息进行分群管理的功能，因此随着群数量的增加，信息获取的效率递增，但是这种递增并非线性增加，其递增的速率是逐渐降低的，这是因为人们的精力有限，随着群数量的不断增加，对超过一定数量的群信息通常关注较少。综上所述一定存在一个最优的群数量，综合信息传递和信息获取，使得信息传播的效率最高。

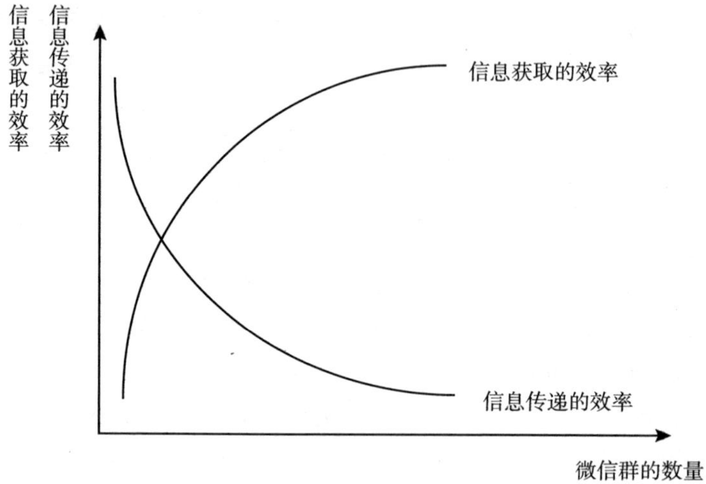

图8－2　微信群的数量与信息传递和信息获取的效率

8.2.5　子网络构建最优化的仿真模拟

1. 效用函数的设定

接下来我们将运用复杂网络理论的方法——ACE进行仿真模拟，求证最优子网络的数量。首先我们需要对组成网络节点的消费者的效用函数进行约定。出于简单考虑我们将消费者的效用函数设定为如下形式：

$$U(x)_i = r + bx$$

其中r为消费者从产品中获得的基本效用，bx为消费者从产品中获得的网络效应。为了考察子网络构建策略带来的影响，我们假定产品的网络规模 x 固定不变。而且消费者对产品的基本效用评价一致，也就是 r 相同。这样消费者效用最大化就取决于网络效应的系数 b。而系数 b 的大小我们做如下约定：

$$b = \frac{\alpha}{N} + \beta \log_n N$$

式中的 b 代表网络效应系数，b 越大则网络效应越大，消费者效用越高。α 和 β 代表权重系数，N 代表子网络的数量。前面的 α/N 代表在网络规模不变的前提下，随着子网络数量的增加网络效应系数由于信息传递效率降低，信息传播受阻而减小。第二项 $\beta \log_n N$ 是随着子网络规模数量 N 的增加，信息获取的效率提高，有利于信息传播因而网络效应增加。

2. 仿真模拟的重要环节

在进行建模时，参考 score 元模型及模型框架来定义系统模型要素的组成。系统模型要素确定后，在 Eclipse 平台中创建标准竞争市场系统的 RepastS 模型项目，以库文件为基础，可以通过 java 语言编程实现。项目中的 model. score 文件保存了模型要素定义，可在层次树状图形编辑器中打开编辑。这里的项目默认 Context 为市场，新建主体为消费者，新增 Projection 有网格（land grid）与消费者网络（customer network）。除 Projection 外的模型要素都有对应的 java 类文件，通过要素定义的文件属性一一关联。

仿真模拟行为框架中能够显示的几点重要环节如下：

第一，在标准竞争的市场中，主体为市场内的消费者，企业没有推出“建群”策略，即子网络数量 N = 0，作为主体的初始状态 property。环境的模式设置为 grid 二格网络，即平面网络。

第二，建立 task1 来定义 temp variable。

第三，用户是可移动的动态对象，由于基本效用 r 和网络规模均保持不变，消费者基于 b 进行策略选择，以实现自身效用最大化，令 α 和 β 均为 1，n = 1000，当 Agent 发现 $\frac{1}{N} + \log_{1000}^{N} < \frac{1}{N+1} + \log_{1000}^{N+1}$ 成立时，Agent 将执行 $b = \frac{1}{N+1} + \log_{1000}^{N+1}$ 的 task。通过这一步能够纳入企业推出

"建群"策略的行为。

第四，设置 loop 之后的 task 为 $b = \frac{1}{N+1} + \log_{1000}^{N+1}$。最初子网络 N 为 1，作为 Agent 的 task2 表示满足 loop 选择条件后的结果，同时，若不满足 loop 中的选择条件，则 Agent 移动停止，loop 指向 end。

第五，在 Java 环境中根据第 2 章中构建的小世界网络，构建节点的拓扑关系，调整子群数量 N 的个数，观察 Agent 的选择情况。

3. 仿真模拟的结果

对模型中的主体进行三次调整。

（1）设置主体结点（agent node）的子网络数分别为 N = 1，N = 7，N = 10，观察仿真结果。如图 8 - 3 所示。

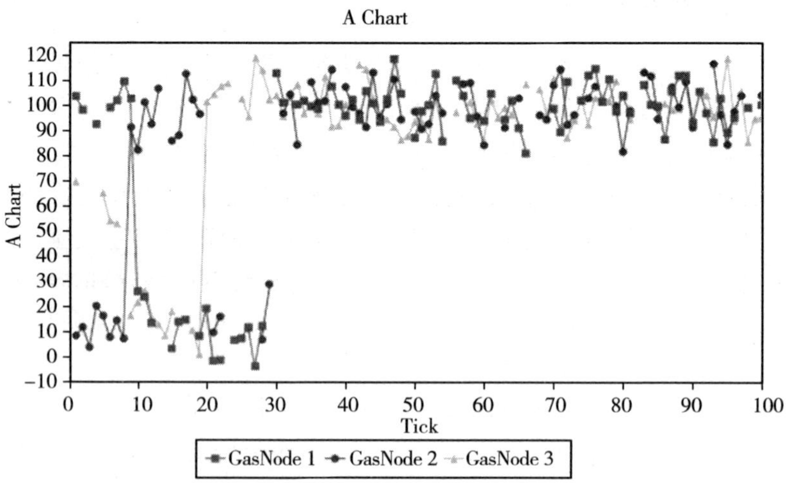

图 8 - 3　仿真模拟（1）

图 8 - 3 中的纵轴表示子网络数量 N（为了便于观察，将纵轴数据扩大为 10 的倍数），横轴表示系统的步数 Ticks。Node1 - Node3 分别代表子网络数量 N = 10，1，7 情况下的主体 Agent，从仿真结果中可以看出，随着系统 Tick 的演进，主体 Agent 最终会在子网络数量 N 为（8，12）的区间内趋于稳定，也就是说，主体 Agent 网络效用系数 b 最大化的子网络数量出现在（8，12）的区间内。为了验证结论，在系统中加

入新节点构造小世界网络，进行第二次调整。

（2）设置主体结点的子网络数分别为 N = 15，20，30，50，观察仿真结果。如图 8 – 4 所示。

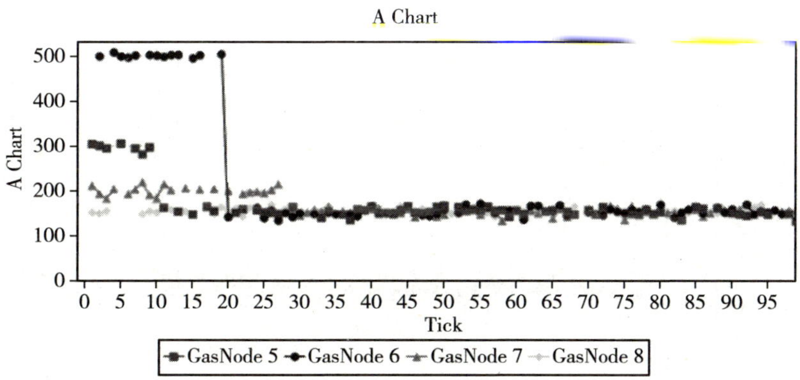

图 8 – 4　仿真模拟（2）

图 8 – 4 中的 Node5 ~ Node8 分别表示子网络数量 N = 30，50，20，15 情况下的主体。从仿真结果中可以看出，随着系统 Tick 的演进，主体最终会在（10，12）的区间内趋于稳定，也就是说，主体网络效用系数 b 最大化的子网络数量出现在（10，12）的区间内，并且随着节点数的加入，小世界网络的拓扑联系更为明显，仿真结果相比起三个节点的情况更为稳定。为了验证这一点，在系统中继续加入新节点，进行第三次调整。

（3）设置主体结点的子网络数量分别为 N = 10，20，25，30，35，观察仿真结果。如图 8 – 5 所示。

图 8 – 5 中的 Node3 ~ Node7 分别表示子网络数量 N = 10，25，30，35，20 情况下的主体。从仿真结果中可以看出，随着系统 Tick 的演进，主体最终会在（7，12）的区间内趋于稳定，也就是说，主体网络效用系数 b 最大化的子网络数量出现在（7，12）的区间内。

通过对子群数量的仿真模拟可以得出，当网络中子群数量少于最优子网络数量时，用户会继续自发的增加子群，直到达到最优子网络数量，同样，当网络中子群数量高于最优子网络数量时，用户会采用“退群”等方式减少自己所处的子网络数量，直到达到最优子网络数量，而最优子网络数量的取值在（7，12）之间，在这个区间内的子网络数量会实现网络效用系数 b 的最大化。

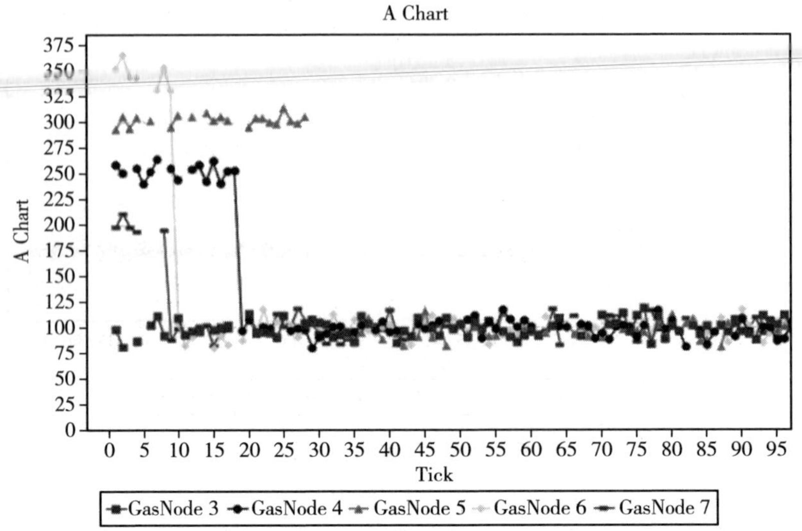

图 8-5　仿真模拟（3）

（4）小结。本章基于 ACE 方法对进行标准竞争市场中的网络用户进行建模，并在 RepastS 中进行仿真模拟，通过调整子群数量 N 观察主体 Agent 的选择情况。从仿真结果中可以看到，主体最初的赋值如果超过了最优子网络数量，主体会根据效用函数自动调整子群数量，此时消费者效用随子网络数量的减少而增加。主体最初的赋值如果低于最优子网络数量，主体会自动增加子网络数量，此时消费者效用会随子网络数量的增加而增加，从而得到如下结论。

在基本效用同质，并且企业能够调用的拓扑关系也一样的情况下，消费者的整体效用会随网络中子群数量的增加而增加，但这种增量不会一直持续，直到子网络数量等于最优子网络数量时，消费者效用实现最大化，企业为了获取竞争优势，应当对消费者的聚群数量定位于最优子网络数量附近。同样，现实中的企业技术也不会使消费者无限制地聚群，用户的聚群数量往往是有限的，而用户一般情况下也不会仅仅局限于一个子群中。

在仿真模拟中同样可以得出最优子网络数量的取值一般在（7，

12）的区间内，因此，用户的效用最大化出现在这个区间内，企业最优聚群数量也在这个区间内。

8.2.6　子网络构建策略

子网络构建策略的核心是允许消费者根据自己的偏好组建母网络中的子网络，并赋予子网络两项最重要的功能，一是用户建立、进入和退出子网络的自由，二是子网络内信息要实现 hub 式的传递模式。

构建子网络的过程中之所以要赋予用户建立、进入和退出子网络的自由，其根本原因在于只有这样，所建立的子网络才能根据用户的偏好和社会关系实现信息梳理的功能。如果限制用户的这些权利，比如用户所在的子网络受到数量限制，则所有信息将在这些有限的群内实现共享，用户还将花费更多精力区分信息。这将降低信息获取的效率。构建子网络的过程中之所以要实现信息的 hub 传递方式，是因为这种信息传递方式将子网络当作信息收发的总结点，做到任何成员发送的信息都会呈献给所有其他成员，极大提高了信息传递的效率。

8.3　基于客户社会关系调整客户群网络效应策略

8.3.1　直接网络效应与人的社会关系

第2章详细分析了网络效应的发生机理。直接网络效应来源于使用同种产品的用户所获得的双向联系通道，随着新用户的加入，这种双向联系的数量增加，用户的效用水平随之提高。需要特别指出的是，用户通过产品使用构建了双向联系通道，这种联系通道服务于用户的某种或者某些社会关系，产品使用并没有为用户创造新种类的社会关系。这是因为客户之间社会关系的种类是客观存在的，而产品只是构建了服务于用户特定社会关系的双向联系通道。比如淘宝旺旺构建了买卖双方的双向联系通道，服务的是用户之间的商业关系，而商业关系仅仅是人们社会关系的一种。即使没有淘宝旺旺，人们也有建立在买卖基础上的商业关系。

人的社会关系有若干分类方式，我们可以按照人的成长历程将人的社会关系梳理一下。人出生之时就产生了与父母的亲情关系；随着年龄的增加在进入幼儿园之前，他们有了发小玩伴；进入幼儿园产生了园友关系；上学后产生了小学同学关系、中学同学关系、大学同学关系和研究生同学关系，我们可以将之统称为同学关系；具有完全行为能力以后买卖东西产生了商业关系；工作后有了同事关系；结婚后亲情关系又有所扩展；居住有邻里关系；工作后伴随着经济条件的改善产生了嗜好，具有相同嗜好的同好之间形成了爱好关系。这些社会关系按照时间的推移和形成的大致顺序，如图 8 -6 所示。图 8 -6 大体列示了人随着年龄的增长先后形成的社会关系，我们形象地将之称为社会关系年轮图。

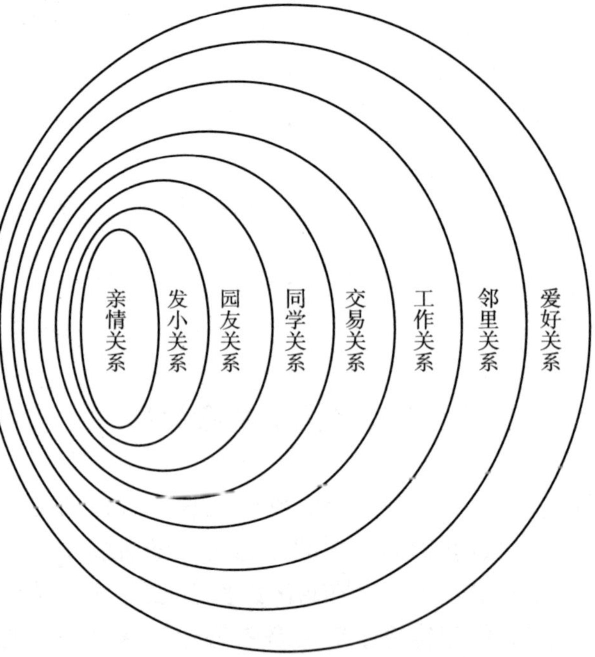

图 8 -6　人的社会关系年轮

图 8 -6 中所列示的人的社会关系并没有穷尽所有人所有社会关系类型。但大体上这些社会关系可以分为亲属关系、同伴关系、经济关系

和同好关系四大圈层。其中亲属关系包括基于婚姻、血缘和法律拟制而形成的社会关系，包括夫妻、父母、子女、兄弟姊妹、祖父母和外祖父母、孙子女和外孙子女、儿媳和公婆、女婿和岳父母以及其他三代以内的旁系血亲。同伴关系主要包括由于共同经历人生特定阶段或事项而形成的关系，比如同学关系、战友关系、老乡关系等各种关系。经济关系则包含了由于经济来往或由此派生出的各种关系，包括同事关系，商业伙伴关系、交易对象关系等。同好关系则是基于共同喜好交往产生的关系，比如各大论坛的坛友关系、俱乐部关系等不胜枚举。这些社会关系随着人们生活阅历的变化而不断发展和变化。

8.3.2　增强网络效应的策略

1. 服务更多的社会关系

既然在直接网络效应下，产品服务不能创造人们社会关系的种类，只能通过创建双向联系通道服务于某种或某些社会关系。因此在直接网络效应下，产品服务的社会关系越多，可能创建的社会联系就越多，网络效应因此而增加。由此我们很容易理解微信为什么会存在这么强大的竞争力。微信凭借强大的管理界面和功能，可以服务社会关系年轮图中所有的社会关系。因此微信钱包作为挂靠微信的辅助功能，能够方便人们交往过程中进行资金转移。

我们将微信钱包与支付宝进行对比可以洞察微信钱包紧追支付宝的原因。微信是基于手机平台开发的即时通信工具，微信的支付功能是 2013 年的微信 5.0 版本开始添加的，而支付宝最早是基于 PC 开发的进行担保交易资金周转的平台。从淘宝诞生那天起就发挥着作用。微信钱包和支付宝存在两个很大的不同之处：第一个不同之处在于微信钱包服务的是用户所有的社会关系包括商业关系。而支付宝及其附属的余额宝服务的是用户的商业关系；第二个不同之处在于微信钱包虽然和支付宝都可以服务于人们的商业关系，但是支付宝具有交易担保的性质，赋予买卖双方更多的安全保障，并且支付宝挂靠在阿里巴巴这一国内最大的电子商务平台上，对人们的商业关系服务得更为彻底、广泛和全面。反观微信所服务的商业关系通常是由其他社会关系伴生而来的。例如在基于亲情关系、同学关系和爱好关系的微信群中可信任的人发起的销售或者团购，人们经常使用微信交易。因此二者对商业关系的服务存在差异化。

综合来看由于微信服务于人们全方位的社会关系，因此尽管其支付功能始于2013年，大大晚于支付宝，但是其强劲的竞争力很快显现出来。目前支付宝与微信钱包成为居民货币并列重要的存托载体，为阿里巴巴集团和腾讯集团带来巨大的财富。微信钱包和支付宝作为移动支付的两种主要方式，其市场份额不同时期的不同报告存在差别。例如联合国旗下机构“优于现金联盟（Better Than Cash Alliance）”日前发布报告称，在支付宝和微信支付的推动下，2016年中国社交网络支付（支付宝和微信）市场规模达到了2.9万亿美元，在过去4年中增长了20倍。如图8－7所示。

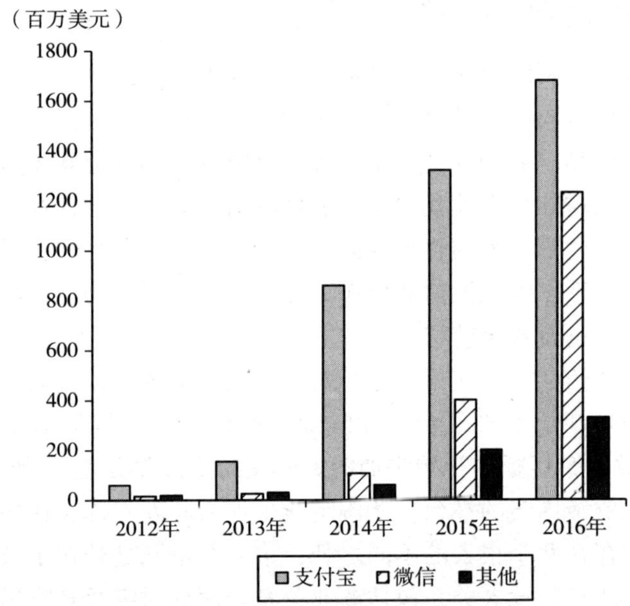

图8－7　中国第三方移动支付市场份额

资料来源：http：//www. linkshop. com. cn/web/archives/2017/375524. shtml。

根据Analysys易观发布的《中国第三方支付移动支付市场季度监测报告2018年第1季度》数据显示：2018年第一季度，支付宝在我国移动支付所占的份额为 53.76%；微信钱包所占份额为 38.95%；其他所有移动支付平台所占份额不到 8%。从份额上看，微信钱包和支付宝的市场份额比例与 2016 年相比变化不大。微信本来不是为交易而存在的平台，却获取了移动支付如此大的份额，归根到底是因为微信对人们社会关系的全方位服务。可见在直接网络效应下，通过产品构建用户之间的双向联系通道，使产品能够服务人们足够多种类的社会关系，将为企业带来核心竞争力。

2. 聚焦更重要的社会关系

如果产品无法服务于或者纳入人们所有的社会关系，那么在产品设计阶段应该考虑服务于或者纳入人们的何种社会关系？这是增强网络效应面对的现实问题。

我们围绕微信服务的社会关系做了一个 300 人的简单问卷，对微信服务的社会关系进行了调查，根据受调查人评价的微信所服务的社会关系的排序，发现人们对社会关系重要程度的排序与运用微信获取信息的多少并不一致。这说明产品应该首先纳入的可能不一定是人们最为重要的社会关系。换句话说，有些人认为不是最重要的社会关系，却需要借助于微信这种第三方交流工具进行足够多的交流和沟通。如人们非常重视亲情关系，多数人将亲情关系视为最为珍贵、最为重要的社会关系，但是却较少运用微信进行亲情沟通，而是花大量时间跟同学聊天，向同事学习交流。可见对人们而言并不是越重要的社会关系越需要微信。原因也很简单，人们维系亲情的主要交流方式并不需要借助第三方交流工具进行，通常是通过面对面的交谈和沟通进行。因此在产品设计阶段，首先将何种社会关系纳入产品服务的范畴就需要根据社会调查数据进行统计分析。根据我们 300 人的问卷，人们对社会关系成长年轮图中的社会关系按照重要性排序为：亲情关系位于第一位，工作关系位于第二位，同学关系和爱好关系位于第三位，商业关系位于第四位，其他关系位于第五位。其中同学关系和爱好关系的相对重要性在不同人群中不一致，在 40 岁以上年龄的人群中，爱好关系评估位次略微高于同学关系，而在低年龄范围内同学关系明显高于爱好关系。这个社会关系的排序是根据人们主观认识排序的。

问卷还调查了微信用户使用微信的相关信息。发现在拥有爱好群的人群中，信息量传递较大的群是相互几乎不认识的爱好群。其信息传递量甚至大于同学关系群和商业关系群，而亲情关系很多人没有群，亲人之间也较少使用微信进行交流。由此可见那些人们评价比较重要的人际关系，不见得是微信服务的主要对象。在早期电信运营商采用子网络构建策略过程中，通常允许手机用户自行选择亲友实施价格优惠，并将这种优惠称为亲情卡。但这一策略很快就被对工作单位内部成员进行优惠的子网络构建行为取代。这是因为尽管人们普遍认为亲情关系最为宝贵，但是工作关系借助第三方传递的信息总量远远大于亲情关系，实施单位优惠可以绑定客户，增加其转移到其他电信运营商的转移成本，这是一种成功的竞争策略。

为了决定企业在产品设计的过程中应该主要服务于或者纳入何种社会关系这个问题，需要根据统计大数据进行统计分析。我们可以设计一个统计分析的步骤和路径。

第一步，对社会关系进行典型分类。通过深度问卷调查，获取客户各基于各类型社会关系的联系人数、联系频率和联系方式等初始信息。

第二步，提取客户的联系信息，并进行数据处理。

第三步，导入研究复杂网络的 Repast 软件，分别生成各类型社会关系的网络拓扑结构图，并对结构图的联系数量和联系人员进行统计分析，获取的关键指标是非谋面情况下，各类型社会关系的联系总量。之所以要求统计非谋面情况下的联系，原因在于只有这样才需要借助第三方产品提供双向联系服务。这样做主要是为了排除依靠当面交流的社会关系，比如亲情关系中的交流多数情况下是面对面进行，而非通过第三方产品服务进行。

第四步，根据联系总量进行排序，联系总量越大排序就越靠前，称作越重要，由此获得“按重要性对社会关系的层级排序”。

第五步，按照层级排序由大到小的顺序，采用层级添加的方式，通过 Repast 生成“社会关系逐层级累加的网络拓扑结构图”，以备策略选择。

第六步，对比分析研究内容得到的“按重要性对社会关系的层级排序”，排序靠前的社会关系类型作为网络效应构建的优先纳入对象。社会关系随时代发展而改变，因而应对社会关系进行动态管理，不断改进产品，调整所纳入的社会关系类型。

第七步，比较分析得到的"社会关系逐层级累加的网络拓扑结构图"。当相邻的两个图变化不大时，可以认为再增加纳入社会关系类型对增强网络效应帮助不大，可以在成本约束和技术约束前提下，停止进一步纳入更多的社会关系。由此决定最优纳入的层级数。随着时代发展和技术进步，一些以前无法纳入的社会关系变为可以低成本纳入，企业应考虑调整纳入社会关系的层级数。

选定产品服务的社会关系，是网络经济中企业实施差异化战略的一环，本书在第 4 章中阐述了差异化战略在网络经济中的应用，在此不再赘述。但是根据我们可以援引之前的例子对此进一步加以说明。邮箱之所以没有被微信取代，原因在于邮箱在服务商业关系和同事关系时具有大附件和重要邮件的储存和备份功能。支付宝之所以仍然超过微信钱包成为目前第一大移动支付工具，原因在于其对商业关系发生的交易具有担保功能，这种功能微信钱包是不具备的。旺旺之所以没有被 QQ 取代原因在于阿里不承认旺旺之外的其他即时聊天工具所提供的交易证据。当多款产品都可以服务特定社会关系时，其对特定社会关系服务的差异化就显得更为重要。

8.4 案例研究

8.4.1 案例的选择与相关介绍

1. 案例选择的原则

本章选择的案例需要辅助证明本章的主要研究结论，企业的"子网络构建"和"基于客户社会关系调整客户群网络效应"这两大策略对企业的竞争力具有重要影响。本着这个原则本节将选择腾讯公司的微信钱包和阿里巴巴集团的支付宝进行对比分析和研究，以辅证本章的主要研究结论。另外，选择这两个公司的这两款产品进行对比研究，还因为两大公司在中国网络经济和移动支付领域扮演着关键角色。

2. 腾讯公司的产品介绍[①]

腾讯科技（深圳）有限公司简称腾讯公司，是一家由马化腾、张志东、许晨晔、陈一丹、曾李青五位创始人共同创立，国内最大的互联网综合服务提供商之一，是国内领先的网络巨头。打开腾讯公司的官方网站，公司信息一栏并没有专门的企业简介，只有公司从1998年创建以来的历年公司发展动态。腾讯公司基于PC和移动端有两款核心产品，一款是1999年起始于PC端，后来逐渐发展也可用于移动端的即时通信工具——QQ。2000年5月，腾讯公司的QQ在线人数仅有10万人，到2006年6月在线用户就突破了2000万人，时至今日几乎每一台计算机和大多数手机都安装了QQ。腾讯公司的另外一款核心产品则是起始于移动端，后来也可以用于PC端的即时通信工具——微信。2014年5月腾讯公司成立了微信事业群，正式负责微信基础平台、微信开放平台，以及微信支付拓展、O2O等微信延伸业务的发展，意味着微信已完成第一阶段的孵化，从产品升级为腾讯战略级的业务体系。时至今日，微信几乎存在于所有国人的智能手机之中。

这两款产品极大地改变了人们即时通信的方式，在第4代移动通信技术（4G）诞生以前，由于移动网络数据传输速度慢，传输价格昂贵因而消费者更依赖PC端的即时通信工具QQ。伴随着4G技术的成熟和普及以及移动数据资费的大幅降低，消费者越来越依赖移动端的即时通信工具微信。但近几年来两款产品在PC端和移动端相互渗透。时至今日，不管是微信还是QQ都是通过构建客户双向联系通道，进而促使用户之间产生卡茨和夏皮罗（1985）所界定的直接网络效应，用户因此获得巨大效用的革命性产品。他们代表着公司的核心竞争力。后来基于微信这款移动端的核心产品，腾讯公司推出了可以用于移动支付和理财功能的微信钱包这款辅助产品，这款辅助产品极大方便了用户进行各类社会联系所可能伴随的金钱往来，这使得微信钱包这款辅助产品与微信这款核心产品之间产生了卡茨和夏皮罗（1994）所界定的间接网络效应，微信作为核心产品可以理解为间接网络效应硬件/软件范式中的“硬件”，而微信钱包作为辅助产品则可以看作是范式中的“软件”。微

① 根据腾讯官方网站资料整理。

信钱包的推出使腾讯公司获得极大的商业成功，一举成为国内移动支付排名第二的行业巨头，其对资金的吸纳能力远超多数商业银行。

3. 阿里巴巴公司的产品介绍[①]

阿里巴巴网络技术有限公司，简称阿里巴巴公司。百度百科这样介绍这家公司：“马云带领下的 18 位创始人在杭州的公寓中正式成立了阿里巴巴集团，集团的首个网站是英文全球批发贸易市场阿里巴巴。同年阿里巴巴集团推出专注于国内批发贸易的中国交易市场。”也就是说公司成立之初是从事 B2B 交易的互联网平台。2004 年购物网站淘宝网在马云公寓内创立，阿里巴巴开始涉足服务于 B2C 和 C2C 网络交易。2011 年和 2012 年阿里巴巴通过打造天猫完成了 B2C 和 C2C 的分离，后来又通过聚划算和闲鱼等平台的构建完成了对 B2C 和 C2C 交易市场的细分。因此阿里巴巴公司的核心业务是从事网络交易服务的专业中介平台，是一家综合 B2B、B2C 和 C2C 交易的网络交易平台运营商。

早期网络交易伴随着很大的不确定性，这种不确定性由信息缺失或者说不完全信息带来。经济学原理告诉我们，严格的不完全信息或者信息不对称将产生严重的逆向选择问题。逆向选择将使得买方得到的商品可能是最不希望得到的劣质商品，被称为柠檬效应，市场交易将不能存在。早期我国网络交易中的不完全信息主要体现在三个方面：第一个方面是买卖双方对产品信息的不对称性；第二个方面是买家对卖家信用的担忧；第三个方面是卖家对买家信用的担忧。阿里巴巴的发展历史就是一部向不完全信息开火的历史。阿里巴巴通过评价体系、搜索引擎和退货机制的构建降低了产品信息的不完全性对网络交易的负面影响。最为关键的是通过支付宝交易平台的构建消除了买卖双方可能存在的信用风险。买家将货款打到支付宝平台，收到货满意后再确认付款；卖家虽然没有拿到货款，但只要消费者不完整退货就无法拿回货款。支付宝平台的创立成为阿里巴巴集团重要的盈利来源。

阿里巴巴为无数个消费者和无数个卖家通过各类交易平台和旺旺即时聊天工具，构建了双向联系进行网络交易的平台。这种双向联系通道产生卡茨和夏皮罗（1985）所界定的直接网络效应。同时阿里巴巴创

---

① 根据阿里巴巴官方网站资料整理。

立的网络交易平台是公司的核心竞争力，是支付宝得以存在的基础，因而可以看作是硬件/软件范式中的“硬件”产品。而支付宝作为消除信用风险的辅助工具可以看作是硬件/软件范式的“软件”产品，这催生了卡茨和夏皮罗（1994）所界定的间接网络效应。

4. 腾讯公司和阿里巴巴产品的相同之处

通过上面的介绍可以看出，腾讯公司和阿里巴巴的产品架构有相同之处，体现在如下三个方面：

（1）核心产品都构建了客户相互联系的通道，存在较为强大的直接网络效应。不管是腾讯公司作为即时聊天工具的微信，还是阿里巴巴作为交易沟通平台的旺旺，都使用户获得了彼此联系、信息交互的能力。根据本书2.1.2的论述，这种双向联系机制的创立，必将在客户群产生直接网络效应。使用微信的用户越多，消费者获得的效用越大；通过旺旺进行网络交易的客户越多，消费者获得的效用越大。

（2）核心产品与辅助产品之间存在所谓的硬件/软件范式，根据2.2.2的论述产生所谓的间接网络效应。腾讯公司依靠微信这款核心产品，打造出微信钱包这一辅助产品，用于满足人们使用微信社交伴随的资金流动。阿里巴巴公司为了消除网络销售平台中的信息不对称，打造出支付宝这一辅助产品，用于消除交易环节可能存在的信用风险。两个公司所创立的这种核心产品和辅助产品的互补关系，使用户获得巨大的间接网络效应。

（3）辅助产品是盈利的重要来源。微信作为腾讯公司的核心产品，并不收取用户的使用费，腾讯公司的盈利来源主要是围绕核心产品逐渐打造出来的辅助产品。微信钱包积聚的余额，微信钱包的理财功能汇集的理财资金，赋予腾讯公司金融公司的属性，成为腾讯公司的重要盈利来源。腾讯公司的盈利来源不止微信钱包这一款辅助产品，类似的还包括腾讯游戏、微信公众号年费等多种辅助产品。阿里巴巴的盈利来源包括在各类销售平台上针对商家收取的会员费，这可以看作是核心产品带来的收益，但更为重要的盈利来源同样来自为网络交易平台配套的辅助产品——支付宝。支付宝既可以作为网络交易的第三方担保，又可以产生类似银行活期存款的余额，还可以像保险和基金公司那样推出理财产品。后两个功能与微信钱包高度相似。微信和阿里巴巴本质上已经不再单纯是打造即时聊天工具或者提供网络交易平台的互联网企业，而是已经发展成为提供移动支付、投资理财、汇兑功能的现代新型金融企业。

5. 腾讯公司和阿里巴巴产品的不同之处

两个公司的产品也存在显著的不同之处，具体表现在以下三个方面。

（1）阿里巴巴公司作为网络交易平台辅助工具的旺旺是一款专门用于交易过程中，买卖双方进行即时通信的专用软件，该软件没有赋予用户更多的功能实现本章上文所述的群功能，也即旺旺实际上放弃了赋予用户按照自己的偏好实施子网络构建的权利。另外由于旺旺专职服务于网络交易平台，用户将旺旺看作一种进行交易时专门使用的即时聊天工具，这款工具从某种意义上来讲只纳入了用户的一种社会关系，也即网络交易的社会关系。反观腾讯公司的微信产品，作为一款主要应用于移动端的通用即时聊天工具，赋予客户更多的功能和选择来梳理相关社会关系。微信用户可以通过软件附带的建群功能，建立自己作为群主的聊天群；也可以加入别人邀请的微信群。这就是说微信群的好友群功能本质上赋予用户子网络构建的权利，这样用户可以根据自己的偏好梳理自己的各类社会联系。

（2）由于微信的建群功能对所有用户开放，用户可以根据自己偏好通过建立或者参加不同的微信群将不同类型的社会关系分门别类逐渐添加到微信当中，这就是本章所述的“基于客户社会关系调整客户群网络效应策略”。而旺旺则没有为用户创建和开放这种类似的功能。

（3）腾讯公司从微信的获利主要来自配套微信的相关辅助产品，也就是说类似于微信钱包、微信游戏等辅助产品是腾讯微信盈利的主要源泉，而核心产品——微信的使用是免费的。阿里巴巴公司盈利的源泉既有作为辅助产品的支付宝提供利润来源，也可以从核心产品——网络交易平台获取相关利润。比如阿里巴巴向 B2B 平台用户收取的年费，向 B2C 商家用户收取的推介费等。

通过上述关于支付宝和微信异同的比较研究，我们可以发现微信的直接竞争对手并不是阿里巴巴旗下淘宝推出的即时聊天软件——旺旺。因为在即时聊天软件竞争中，微信的使用频率远远高于淘宝的旺旺。阿里巴巴也从来没有将旺旺定位于与微信进行竞争的网络产品。事实上微信真正的竞争对手是阿里巴巴的支付宝。因为微信的真正盈利来自微信钱包。微信钱包和支付宝是当今移动支付的两大巨头，二者之间的竞争颇为激烈。

8.4.2 支付宝和微信的竞争力

1. 支付宝的竞争力

根据8.3.2的阐述，支付宝在我国的移动支付领域仍然占有第一位市场份额。对成功企业的经验进行总结可以开启智慧的大门，为什么支付宝具有强大的市场竞争力？

（1）支付宝显示出强大的生命力的第一个原因是支付宝已经成为社会资金重要的汇集方。资金汇集渠道主要有三个：

第一，阿里巴巴旗下所有网络交易平台包括阿里巴巴、淘宝、天猫、闲鱼、聚划算等大众耳熟能详的交易平台都将支付宝作为唯一的中介第三方，用以消除网络交易中可能存在的交易风险，网络交易期间积存于支付宝的货品担保总金额非常巨大。

第二，支付宝作为用户活期余额的暂存方，积累了大量的活期余额，这些余额包括卖家出售产品后的活期余额，买家购买商品的活期余额。

第三，支付宝打造的余额宝为用户提供了流动性较好的理财产品，吸纳了社会大量理财投资。

（2）阿里巴巴的所有网络交易平台与支付宝构成了间接网络效应下的硬件/软件范式，支付宝作为网络交易平台的辅助和配套产品属于软件。根据本书第3章关于间接网络效应的论述显示，间接网络效应的强弱取决于硬件和软件之间的互补性，二者互补性越强则间接网络效应越强。网络交易平台和支付宝之间是相互依存缺一不可的强互补关系，如果没有支付宝做第三方中介就很难消除网络交易买卖双方的信用风险。反过来没有网络交易平台，支付宝就成为无源之水。较强的间接网络效应使得借助阿里巴巴集团相关平台进行网络交易的用户离不开支付宝。

（3）阿里巴巴所提供的网络交易的全套服务，应用了本章8.3节所论述的“基于客户社会关系调整客户群网络效应策略”中“聚焦更重要的社会关系”这一竞争策略，具体而言：

第一，阿里集团并没有使用子网络构建策略来调整和改变消费者之间的网络拓扑关系。买卖双方是单独沟通，用户并不知道其他交易主体具体沟通的内容和交易的细节，包括私下的折扣也不为人知。而子网络构建的原理告诉我们，处于子网络内部的用户之间的信息是共享的，子网络相当于一个 hub 节点用于收集每一位用户的信息并传递给子网络内部的每一位成员。

第二，阿里巴巴通过网络交易平台强大的直接网络效应和间接网络效应吸引了无数买卖双方参与网络市场交易。交易主体之间在多数情况下素昧平生，这极大地拓宽了交易环节的潜在交易对象，从社会网络分析角度看这极大地拓宽了作为网络节点的客户的网络拓扑空间，使消费者能够搜寻到自己所需产品的中意交易对象，也使得商家可能接洽到更多的潜在客户。

第三，本章 8.3 节论述了“基于客户社会关系调整客户群网络效应策略”，提出应聚焦更重要的社会关系。阿里巴巴将服务对象牢牢锁定在用户的经济关系上，旺旺作为即时聊天软件并没有赋予用户很多管理权限，因此在社交领域完全无法与微信进行竞争，所以阿里其实并不想将其打造成社交软件，而是将其作为网络交易平台的专用辅助产品。支付宝一开始并没有理财功能，后来伴随着 4G 网络和智能手机的普及，才逐渐开发出支付宝 App 并引入了余额宝账户满足用户的理财需求。

综上所述，支付宝的竞争力本质上来自于作为辅助产品，其所辅助的平台是国内最强大的网络销售平台，具有强大的直接网络效应和间接网络效应。聚焦服务于与金钱关系最密切的经济关系——网络交易关系。作为配套和辅助产品的支付宝成为利润的重要来源。

2. 微信的核心竞争力

微信产品的核心竞争力体现在如下几个方面。

（1）微信作为一款即时聊天软件引入了子网络构建功能，极大地提高了信息传递的效率。微信的群拾取群内任何一位成员所发的信息并传递给群内所有其他成员。人们可以根据自己的社会关系建立和加入不同的群。这就是本章 8.2 节所论述的子网络构建行为。在每一个子网络内部信息是共享的，不同的子网络之间信息是非共享的。子网络之间的信息也可以进行传递，这种传递表现为信息的转发。可以非常方便地将一个子网络中的信息共享给接受转发信息的子网络中的所有成员。这样信息扩散呈现出成片扩散的特性，而不像以前那样信息在不同个体之间两两传播，极大提高了信息传递的效率。

（2）微信赋予用户极大的自由度，用户可以根据需要尽可能多地纳入更多的社会关系到微信群当中，用户能够根据自己的偏好加入或者构建不同的好友群，还可以使用微信对自己的各类社会关系进行梳理，可以优先聚焦那些相对重要的社会关系，因而能显著提高信息获取的效率。人们在使用微信的过程中，会根据空闲时间的多少，优先查看那些最为重要的微信信息。比如来自工作群的信息一般优先于来自同学群的消息，来自爱好群的消息一般优先于来自团购群的消息等等。每一个人可能对社会关系的重要程度有不同认识和排序，但基于微信人们总可以根据自己主观意义上的评判，在有限的时间内优先查看和获取那些主观上认为更重要的信息。这就是本章 8.3 节所述的“基于社会关系调整客户群网络效应的竞争策略”。

（3）微信在即时聊天领域强大的竞争力赋予其辅助产品微信钱包以强大的生命力，并成为微信最重要的利润来源。微信通过构建用户之间的双向联系通道呈现出直接网络效应的特性，并且通过子网络构建功能使这种直接网络效应大为强化。但是微信是一款免费的即时通信软件，本身并不能创造利润来源。但当人们基于微信提供的强大的直接网络效应获取巨大效用而不能相离的时候，围绕核心产品微信，打造相关配套或者辅助产品获取利润成为自然而然的逻辑。伴随着人们利用微信所进行的社会交往也会产生金钱流动的需求，微信借此在微信平台上加入了微信钱包这一辅助产品。微信和微信钱包之间产生了“硬件/软件”范式下的间接网络效应。

综上所述，微信的核心竞争力来自其国内即时聊天领域统治性的地位，但微信的利润主要来自作为辅助产品或者说软件的微信钱包。微信钱包是一款满足人们社交产生的金钱交往而设计的辅助产品。核心产品虽然不盈利但却为辅助产品的盈利奠定了最为坚实的基础。

3. 微信与支付宝竞争力的比较

微信钱包和支付宝的竞争力本质上来自于其服务的核心产品，也即所谓的硬件。正如前文分析的那样，支付宝的竞争力来自其作为国内最大网络交易平台的辅助产品的身份，微信钱包作为微信产品的主要利润来源，其竞争力来自其服务的微信即时聊天软件国内老大的地位。

腾讯公司的“微信/微信钱包”，阿里巴巴的“网络交易平台/支付宝”都符合间接网络效应中的硬件/软件范式。在微信/微信钱包组合中，微信钱包作为辅助产品是利润的主要来源；而在网络交易平台/支付宝组合中，支付宝并非唯一重要的利润来源，网络交易平台也是阿里盈利支点，比如阿里巴巴的会员费，比如天猫对商家收取的橱窗费等。我们得出这样的结论：盈利可以完全或者部分来自硬件/软件范式中的软件，但是软件的核心竞争力归根到底来自硬件。

网络交易平台/支付宝范式满足人们网络交易的需要，只容纳了人们社会关系中的一种类型——经济关系中的网络交易关系。但是这种关系必然伴随着金钱的流动，支付宝起到资金汇集的作用。也就是说这一范式下虽然纳入的社会关系少但却与金钱流动最为密切的社会关系，本章 8.3 节将这种竞争行为归纳为“聚焦更重要的社会关系”。

微信/微信钱包范式下，微信几乎可以容纳人们所有的社会关系，这些社会关系中当然包括经济关系。基于本章 8.2 节的分析，人们可以通过微信的群功能建立和加入不同的群，从而对各类社会关系进行梳理。按照 8.3 节论述微信可以服务更多的社会关系。因而微信成为国内最为强大的移动即时聊天工具。微信钱包作为微信的辅助产品，或者说软件，自然而然地汇集了各类社会关系交往所伴随的资金流。

4. 关于二者竞争力的疑问

关于支付宝和微信钱包的竞争力人们自然而然会产生疑问：既然微信也可以服务于人们的经济关系，并且纳入了更多的社会关系，为什么微信钱包目前仍没有形成对支付宝的明显优势？

答案其实很简单，这是因为支付宝具有为阿里巴巴旗下所有网络交易平台进行中介的功能，因此一般的网络交易买卖双方都希望将钱打到支付宝作为交易的第三方中介，这样才能消除交易环节来自卖家或者买家的信用风险。微信虽然也可以服务于人们的网络交易，并且通过微信钱包进行转账，但是由于微信钱包仅具有资金汇兑的功能，却没有中介或者担保的功能，所以对网络交易的吸纳能力有限。通过微信转账完成的网络交易多数情况下限于知根知底的熟人或者多次交往的对象之间。这就是为什么微信几乎纳入了包括经济关系在内几乎所有的社会关系，人们却更愿意使用阿里平台进行网络交易、使用支付宝作为交易中介的根本原因所在。为什么腾讯不在微信钱包功能中加入中介功能呢？笔者认为该功能依赖于专属网络交易平台的搭建，而这是阿里深耕 20 余年构筑起来的巨大市场优势，短期内难以撼动。

8.4.3 未来的展望

未来究竟是微信钱包还是支付宝在移动支付领域更有竞争力？一个聚焦服务于和金钱最为密切的经济关系——网络交易，另外一个服务于更多的社会关系。

1. 产品结构对未来竞争格局影响

基于上述分析，在可以预见的未来，只要阿里不涉及移动即时聊天领域，威胁甚至超越微信在该领域的统治地位，就不会威胁到微信和微信钱包的地位。而微信只要不跨界搞网络交易平台，威胁甚至超越阿里目前在网络交易领域的平台优势，同时赋予微信钱包中介账户的功能，就不会威胁到支付宝的地位。事实上目前两大企业都在向对方核心领域渗透，但目前都未撼动对方的领先地位。比如腾讯基于微信已经打造完成的微拍堂就是专门的文玩网络交易平台，但限于其定位市场较为狭小，目前完全不能比肩阿里巴巴所拥有的跨越 B2B、B2C 和 C2C 的诸多网络交易平台。阿里巴巴 2013 年就推出了网络即时聊天软件“来往”与微信进行竞争，但是由于微信有先动优势，具有大量的用户基础，用户使用习惯所构成的转移成本较高，并且微信和 QQ 还能相互加持，实现手机更换后微信记录的完美转移，所以“来往”这款即时聊天软件并没有取得预期的市场效果而被阿里叫停。可见两大企业向对方优势领域，也即前文所述“硬件/软件”范式下的“硬件”领域渗透有多么艰难。

2. 未来 5G 的发展对竞争格局的影响

随着手机功能的发展和未来 5G 网络的建设和普及，移动数据价格将大幅度降低，这将使得微信等能够纳入足够多社会关系的网络产品传递更多的信息，加上微信附带的群功能具有强大的信息梳理能力，因而将显著增强人们的效用水平。借助于这种网络平台衍生出来的盈利产品其生命力将更为旺盛，将随着网络技术的进步而不断拓展其市场份额和盈利空间。

支付宝在阿里巴巴集团内部的定位仍然是挂靠于阿里巴巴、淘宝和天猫等网络交易平台，起到一种中介和余额暂存的功能并衍生出一定的理财功能。合理的预期告诉我们，随着5G的发展，人们的网购并不会出现爆发式增长，这是因为网络速度对网络购物影响不大，除非未来网络购物对网络传输速度的要求大幅度提高。据此可以判断5G对支付宝具有正面影响但影响并不是很大。基于上述分析我们可以做出以下预测，尽管目前微信钱包在移动支付领域所占的市场份额仍然低于支付宝，但随着未来移动通信技术的进步和数据传输便捷程度的提高，能够服务更多社会关系并可以对社会关系进行梳理的微信将获得更大的发展，基于微信平台衍生出来的微信钱包将获得更大的发展。

当然，我们看到微信钱包和支付宝的竞争目前正逐渐转移到谁能提供更高的理财收益，谁能提供更多消费红包上来，Paypal也正在着手进入和参与中国的移动支付市场，未来的竞争将更为激烈。微信未来的市场份额也不一定超过支付宝，这或许是因为支付宝可以提供更高的理财回报，但依靠高理财产品收益赢得的市场份额并不意味着盈利的提升，我们假设这些影响因素固定不变，那么微信钱包的市场成长空间和盈利能力更为可期。

在网络经济的今天，谁的产品能服务更多的社会关系，或者服务于足够重要的社会关系，谁的产品就更有竞争力。微信全方位服务于人们的各类社会关系，而支付宝作为配套网络交易平台的辅助产品，服务于与金钱最紧密的社会关系——交易关系。

笔者不禁回想起当年李嘉诚之子李泽楷投资掌握了腾讯20%的股权，但由于当时腾讯还没有找到明确的盈利点而被以1260万美元提前出售，尽管当时给李泽楷带来几倍的投资收益率，但这一决策显示当时他并没有认识到腾讯在即时聊天市场的统治地位在未来的盈利能力，现在这些股份价值近1000亿美元……①

---

① http://baijiahao.baidu.com/s?id=1640744909256116141&wfr=spider&for=pc。

参考文献

[1] 曹虹剑、罗能生：《标准化与兼容理论研究综述》，载于《科学学研究》2009年第3期。

[2] 董长瑞、邢宏建：《网络投机消费研究》，载于《中国工业经济》2009年第2期。

[3] 段文奇、刘宝全、季建华：《国际贸易拓扑结构的演化》，载于《系统工程理论与实践》2008年第8期。

[4] 傅联英、骆品亮：《双边市场的定性判断与定量识别：一个综述》，载于《产业经济评论》2013年第2期。

[5] 廖成林、李忆：《竞争性网络间的互联互通问题分析》，载于《中国管理科学》2005年第3期。

[6] 罗杭、张毅、孟庆国：《基于多智能体的城市群政策协调建模与仿真》，载于《管理世界》2015年第1期。

[7] 李敬、陈澍、万广华、付陈梅：《中国区域经济增长的空间关联及其解释——基于网络分析方法》，载于《经济研究》2014年第11期。

[8] 刘朝、龙舟：《基于网络外部性的IT企业技术标准竞争策略选择研究》，载于《科学管理研究》2006年第2期。

[9] 刘戒骄、杨晓龙：《网络竞争与网络产业改革》，载于《中国工业经济》2004年第7期。

[10] 潘小军、陈宏民、胥莉：《基于网络外部性的产品升级与兼容选择分析》，载于《系统工程理论方法应用》2006年第2期。

[11] 史晋川、刘晓东：《网络外部性、商业模式与PC市场结构》，载于《经济研究》2005年第3期。

[12] 孙武军等：《基于网络外部性的市场结构动态演化分析》，载于《管理科学》2006年第1期。

[13] 王长峰：《企业网络拓扑结构与创新绩效的关系——基于中

介变量的实证分析》，载于《科技进步与对策》2011 年第 3 期。

[14] 王国才、陶鹏德：《网络外部性存在下的产品差异化竞争与价格歧视策略》，载于《系统管理学报》2007 年第 1 期。

[15] 鲜干波、梅琳：《主体异质性、复杂网络与网络效应下的标准竞争——基于计算经济学的研究》，载于《系统管理学报》2008 年第 2 期。

[16] 邢宏建、臧旭恒：《网络标准竞争的共存均衡与厂商的兼容策略》，载于《南开经济研究》2008 年第 1 期。

[17] 张晓明、夏大慰：《开放平台与所有权平台的竞争：网络效应与策略选择》，载于《中国工业经济》2006 年第 12 期。

[18] 周琦萍、徐迪、杨芳：《基于复杂社会网络和局部网络效应的新产品竞争扩散的计算实验研究》，载于《软科学》2013 年第 7 期。

[19] 周琦萍、徐迪、杨芳：《基于 Agent 的创新扩散机理研究》，载于《软科学》2014 年第 1 期。

[20] Arifovic, J., & Karaivanov, A., Learning by Doing vs. Learning from Others in a Principal – Agent Model. *Journal of Economic Dynamics and Control*, Vol. 34, 2010, pp. 1967 – 1992.

[21] Barrutia, J. M., Echebarria. C., & Apaolaza – Ibanez, V., Hartmann, P., Informal and Formal Sources of Knowledge as Drivers of Regional Innovation: Digging a Little Further into Complexity. *Environment and Planning*, Vol. 46, 2014, pp. 414 – 432.

[22] Barrutia, J. M., & Echebarria, C., Networks: a social marketing tool. *European Journal of Marketing*, Vol. 47, 2013, pp. 324 – 343.

[23] Barabasi, A. L., & Albert, R., Emergence of Scaling in Random Networks, *Science*, Vol. 286, 1999, pp. 509 – 512.

[24] Barrat, A., Cattuto, C., & Colizza, V., etc., Empirical temporal networks of face-to-face human interactions. *The European Physical Journal*, Vol. 222, 2013, pp. 1295 – 1309.

[25] Bonardi, J. P., & Durand. R., Managing network effects in high-tech markets, *Academy of Management Executive*, Vol. 17, 2003, pp. 40 – 52.

[26] Bohlmann, J. D., Calantone, R. J., & Zhao, M., The Effects

of Market Network Heterogeneity on Innovation Diffusion: An Agent – Based Modeling Approach. *Journal of Product Innovation Management*, Vol. 27, 2010, pp. 741 – 760.

[27] CHEN, X. X., CHEN, Y. X., & XIAO, P., The Impact of Sampling and Network Topology on the Estimation of Social Intercorrelations. *Journal of Marketing Research*, Vol. 50, 2013, pp. 95 – 110.

[28] Chou, C. F., & Shy, O. Z., Partial Compatibility and Supporting Services. *Economics Letters*, Vol. 41, 1993, pp. 193 – 197.

[29] Chutima, P., & Ekkaluk, E., Network reliability analysis for 3G cellular topology design. *Journal of Science & Technology*, Vol. 32, 2010, pp. 263 – 269.

[30] Clements, & Matthew, T., Strategic Implications of Direct and Indirect Network Effects. *Working Paper*, *University of British Columbia*, 2005.

[31] Dranove, D., & Gandal, N., The DVD vs. DIVX Standard War: Empirical Evidence of Network Effects and Preannouncement Effects. *Journal of Economics & Management Strategy*, Vol. 12, 2003, pp. 363 – 386.

[32] Farrell, J., & Saloner, G., Standardization, Compatibility, and Innovation, *Rand Journal of Economics*, Vol. 16, 1985, pp. 70 – 83.

[33] Fabiom M., & Ernesto S., One – Way Compatibility, Two – Way Compatibility and Entry in Network Industries. *Int. J. of the Economics of Business*, Vol. 15, No. 3, 2008, pp. 301 – 322.

[34] Katz, M. L., & Shapiro, C., Network Externalities, Competition, and Compatibility. *the American Economic Review*, Vol. 75, 1985, pp. 424 – 440.

[35] Katz, M. L., & Shapiro, C., Systems Competition and Network Effects. *Journal of Economic Perspectives*, Vol. 8, 1994, pp. 93 – 115.

[36] Klimenko, M., & Saggi, K., Canadian Technical compatibility and the mode of foreign entry with network externalities. *Journal of Economics*, Vol. 40, 2007, pp. 176 – 206.

[37] Lee, J., & Song, J., Network Topology and Standards War: When Does a New Technology Survive in the Network Economy?. *Presenta-*

tion at the Wharton Technology Mini – Conference, 2003.

[38] Liebowitz, S. J., Margolis, S. E., Network Externality: An Uncommon Tragedy. *The Journal of Economic Perspectives*, Vol. 8, 1994, pp. 133 – 150.

[39] Liu, B., Deng, H. Z., & WU, X. Y., Searching Efficiency on Complex Networks Under Visual Range of Nodes. *International Journal of Modern Physics*, Vol. 23, 2012, pp. 1 – 11.

[40] Maluegw, D. A., & Schwartzz, M., Compatibility Incentives of a Large Network Facing Multiple Rivals. *the Journal of Industrial Economics*, Vol. 54, 2006, pp. 527 – 567.

[41] McIntyre, P. D., & Subramaniam, M., Strategy in Network Industries: A Review and Research Agenda. *Journal of Management*, Vol. 35, 2009, No. 6, pp. 1494 – 1517.

[42] Miravete, E. J., & Palacios – Huerta, I., Consumer Inertia, Choice Dependence, and Learning from Experience in a Repeated Decision Problem. *Review of Economics and Statistics*, Vol. 96, 2014, pp. 524 – 37.

[43] Nair, A., & Vidal, J. M., Supply network topology and robustness against disruptions-an investigation using multi-agent model. *International Journal of Production Research*, Vol. 49, 2011, pp. 1391 – 1404.

[44] Ohori, K., & Takahashi, S., Market Design for Standardization Problems with Agent – Based Social Simulation. *Journal of Evolutionary Economics*, Vol. 22, 2012, pp. 49 – 77.

[45] Porter, M. E., *Competitive Strategy*. New York: *Free Press*, 1980.

[46] Qiu, L. f., Rui, H., & Whinston, A. B., Effects of Social Networks on Prediction Markets: Examination in a Controlled Experiment. *Journal of Management Information Systems*, Vol. 30, 2014, pp. 235 – 268.

[47] Wang, Q., Chen, Y. B., & Xie, J. H., Survival in Markets with Network Effects: Product Compatibility and Order – of – Entry Effects. *Journal of Marketing*, Vol. 1, No. 74, 2010, pp. 1 – 14.

[48] Huerta, Q. R., Canto L, E., & Rodríguez, A, M., A Model for Brand Competition Within a Social Network. *International Journal of Modern Physics*, Vol. 21, 2010, pp. 1457 – 1467.

[49] Rogers, E. M., *Diffusion of innovations*, New York: Free Press, 1995.

[50] Shapiro, C., & Varian, H. R., *The Information Economy' in Information Rules: A Strategic Guide to the Network Economy*. Boston: Harvard Business School Press, 1999.

[51] Stanko, M., Bohlmann, J., Molina, C., etc., Demand-side inertia factors and their benefits for innovativeness. *Journal of the Academy of Marketing Science*, Vol. 41, 2013, pp. 649 -668.

[52] Sun, B. H., Xie, J. H., & Cao, H. H., Product Strategy for Innovators in Markets with Network Effects. *Marketing Science*, Vol. 23, 2003, pp. 243 -254.

[53] Tanriverdi, H., & Lee, C. Within-industry diversification and firm performance in the presence of network externalities: Evidence from the software industry. *Academy of Management Journal*, Vol. 51, 2008, pp. 381 -397.

[54] Tesfatsion, L., Introduction to the Computational Economics. *Special Issue on ACE*, Iowa State University, USA, 2000.

[55] Wang, Q., Chen, Y. B., & Xie, J. H., Survival in Markets with Network Effects: Product Compatibility and Order - of - Entry Effects. *Journal of Marketing*, Vol. 174, 2010, pp. 1 -14.

[56] Watts, D. J., & Strogatz, S. H., Collective dynamics of 'small-world' networks. *Nature*, Vol. 393, 1998, pp. 440 -442.

[57] Weitzel, T., Wendt, O., & Westarp, F. V., Reconsidering Network Effect Theory. in ECIS 2000—A Cybserspace Odyssey, Proceedings of the 8th European Conference on Information Systems, 2000.

[58] Weitzel, T., Beimborn, D., and König, W., A Unified Economic Model of Standard Diffusion: The Impact of Standardization Cost, Network Effects, and Network Topology. *MIS Quarterly*, *Special Issue*, Vol. 30, 2006, pp. 489 -514.

[59] Westarp, F. V., Wendt, O., Diffusion Follows Structure - A Network Model of the Software Market. Proceedings of the 33nd Hawaii International Conference on System Sciences (HICSS -33), 2000.

[60] Widener, M. J. , Horner, M. W. , & Metcalf, S. S. , Simulating the effects of social networks on a population's hurricane evacuation participation. *Journal of Geographical Systems*, Vol. 15, 2013, pp. 193 – 209.

[61] Wu, J. J. , Tse, C. K. , Lau, F. C. , etc. , Analysis of Communication Network Performance From a Complex Network Perspective. IEEE Transactions on Circuits & Systems. Part I: Regular Papers. 2013, Vol. 60, pp. 3303 – 3316.

[62] Zucchini, L. , & Claussen, J. , Trug, M. , Tariff – Mediated Network Effects versus Strategic Discounting: Evidence from German Mobile Telecommunications. *International Journal of Industrial Organization*, Vol. 31, 2013, pp. 751 – 759.

后　记

恰逢新中国成立七十周年大庆前夕，我得到通知，本专著入选为"'十三五'国家重点出版物出版规划项目"的山东财经大学《转型时代的中国财经战略论丛》系列学术专著，深感荣幸和鼓舞，更期待著述能够抛砖引玉将相关研究引向深入。

本书致力于从理论上分析和解答网络经济中的竞争行为和竞争战略。其中第4、第6、第7、第8章相关内容积累了著者多年相关理论研究的成果，一些原创性的学术思想贯穿于这些章节当中。第5章也并非简单的文献综述，而是运用统一的理论分析框架系统阐释相关策略性竞争行为的确切内涵、相关原理、适用条件、应用方法等。全书尽可能做到理论联系实际，对于抽象的理论分析和相关结论均安排了相应的案例分析，有的案例分析单独成节，有的案例则融合于相关原理分析过程之中，以增强理论研究的实践价值，努力使网络经济理论和竞争战略理论更好地融为一体。

回顾过去，展望未来，网络经济的发展既是供给侧结构性改革、新旧动能转换和产业结构升级的必然结果，也为供给侧结构性改革创造了更为良好的宏观经济环境。在供给侧结构性改革、新旧动能转换和中美贸易战大背景下，面对我国经济增长率的下滑，正是网络经济催生的包括外卖和物流等劳动密集型的现代服务业新业态，支撑着我国的失业率自中美贸易战以来不断下降，奥肯定律在转型时期的中国失效了。避免了我国在转型时期经历如同韩国等国家在发展的转型时期所伴随的高失业率阵痛。

当前我国正处于经济转型、产业升级和新旧动能转换的关键时期，国际上承受着中美贸易争端等不确定因素带来的不利影响。为实现"两个一百年"的宏伟目标，我国供给侧结构性改革的目标应瞄准未来的战略性新兴产业，向产业链的高端迈进，发挥我国在5G领域的领先优势，通过5G网络的建设实现物联网的构建、大数据的整合和人工智能的发展及应用，在人工智能等相关领域占领产业链的至高端，为我国创造更多网络经济的新模式和新业态，推动我国新旧动能的不断转换和产业的逐步升级，从而跨越“中等收入陷阱”，实现中华民族的伟大复兴。因此，包括5G网络的发展和未来基于人工智能的网络经济的发展对我国实现长期战略目标至关重要。

伟大的中华民族厚积薄发，在大众创业、万众创新和互联网+等供给侧结构性改革举措的倡导下，网络经济焕发出强大的生命力。最近网络经济中出现的拼多多现象令人感慨，是什么成就了拼多多？拼多多一开始定位中低端消费人群的B2C销售模式，是第4章聚焦战略在网络经济中的一次成功应用，但更为重要的是，这种模式不同于京东或者天猫那种简单的网络营销，而是通过引进团购和砍价的方式使消费群体之间产生巨大的正外部性——也即网络效应。消费者之间的影响不能像京东、淘宝或者天猫那样简单理解为购物方便或者节约时间，也不同于美团那种形式上的团购，美团的优惠从性质上看是对消费者的一种打折行为，并且这种打折并不因为其他人的参与或不参与而受到影响。拼多多赋予消费群体聚集从而形成砍价市场势力，这是真正的团购，消费人群的聚集将带来价格的折扣，并且购买人群越庞大价格折扣越大，这才是真正的团购，这种真正的团购充分利用了低收入人群的价格敏感性。这种客户聚群可以看作是本书第8章子网络构建的一种具体表现形式。聚群成就了腾讯，聚群成就了拼多多，或许通过本书读者可以更深入地审视和思考拼多多现象。随着时代的发展，网络经济领域的新现象、新业态和新产业也将层出不穷，必将为网络经济理论和竞争战略理论带来新课题和新思考，盼望本书可以启发读者迸发出新的思维火花，并将相关研究推向深入。

邢宏建

2019年12月